中国高等教育学会　组编



| Higher Education |

# 高等教育学学科
# 博士生培养
# 大家谈

郝清杰　主编

高等教育出版社·北京

**图书在版编目(CIP)数据**

高等教育学学科博士生培养大家谈 / 中国高等教育学会组编；郝清杰主编. -- 北京：高等教育出版社，2021.1

ISBN 978-7-04-055313-0

Ⅰ. ①高… Ⅱ. ①中… ②郝… Ⅲ. ①教育学-博士生-研究生教育-人才培养-研究 Ⅳ. ①G643.7

中国版本图书馆 CIP 数据核字(2020)第 257048 号

策划编辑 王 瑜　　责任编辑 帅映清　　封面设计 张志奇　　版式设计 于 婕

责任校对 王 雨　　责任印制 刘思涵

出版发行 高等教育出版社
社　　址 北京市西城区德外大街 4 号
邮政编码 100120
印　　刷 中农印务有限公司
开　　本 787mm×960mm 1/16
印　　张 12.75
字　　数 190 千字
购书热线 010-58581118
咨询电话 400-810-0598

网　　址 http://www.hep.edu.cn
http://www.hep.com.cn
网上订购 http://www.hepmall.com.cn
http://www.hepmall.com
http://www.hepmall.cn

版　　次 2021 年 1 月第 1 版
印　　次 2021 年 1 月第 1 次印刷
定　　价 40.00 元



物 料 号 55313-00

郝清杰，中国高等教育学会副秘书长、学术委员会秘书长，研究员，中央马克思主义理论研究和建设工程专家，中国历史唯物主义学会副秘书长（兼），南京大学哲学博士。主要从事马克思主义哲学和高等教育研究，出版《行进在哲学与生活之间》《完善人格与培育君子》《磨砺》等多部专著。独立承担和参与十余项国家级、部委级课题研究。主编《马克思主义理论学科博士生培养大家谈》。发表理论文章一百余篇。中央马克思主义理论研究和建设工程重点教材《中国马克思主义与当代》（博士生思想政治课教材）编写组核心成员。多次参与国家特别是教育部重大政策制定和重要文件起草工作。

# 序：提升高层次人才培养质量的有益尝试

中国高等教育学会会长

教育部原党组副书记、副部长

杜玉波

研究生特别是博士研究生教育肩负着培养高层次人才和推进科学研究等重要使命，是国家发展、社会进步和文明演进的重要基石。2020年7月，习近平总书记对研究生教育工作作出重要指示时强调，要高度重视研究生教育，推动研究生教育适应党和国家事业发展需要，坚持“四为”方针，瞄准科技前沿和关键领域，深入推进学科专业调整，提升导师队伍水平，完善人才培养体系，加快培养国家急需的高层次人才，为坚持和发展中国特色社会主义、实现中华民族伟大复兴的中国梦作出贡献。这为我国新时代的研究生教育指明了工作方向，提供了根本遵循，是建设研究生教育强国的行动指南。

在一个国家的国民教育体系中，高等教育处于最高层次，研究生教育代表的是国家最高教育水平。高质量的研究生教育是一所高水平大学的重要标志，是一个国家能够走在世界科技发展前列的重要保障。经过改革开放四十多年的努力，我国研究生教育实现了跨越式发展，已经走过了由小到大的历程，正在经历着由大向强即由数量型规模扩张向质量型内涵式发展的转变。在这样的关键时期，7月29日，教育部召开了新中国成立以来的第一次全国研究生教育会议，总结了我国研究生教育的丰富经验，提出了建设研究生教育强国的崭新目标，明确了新时代研究生教育的主要任务。深入学习领会习近平总书记关于研究生教育工作的重要指示精神，认真贯彻落实这次会议的总体部署，大力推进研究生教育强国建设，既需要政府部门的大力支持，又需要社会各界的积极配合，但核心是承担着研究生培养任务的大学要积极作为。

伴随着时代和经济社会的发展，大学不断被赋予越来越多的使命和功能，但人才培养仍然是最核心的职能。从根本上来说，科学评价一所大学的办学质量，不能只看一时的规模和数据，而是要看它培养出什么样的高层次人才特别是杰出人才。一所大学对于社会的最大贡献，不在于它能拉动 GDP 几个百分点，也不在于它能生产多少篇 SCI 文章，而在于它培养的高层次人才能够为党分忧、为国担当、为民族复兴担负起多大责任。同样，评价一名教师合格不合格、优秀不优秀，不应该仅仅看他论文发了多少、项目搞了多少，而应该首先看他培养的学生合格不合格、优秀不优秀。对于担负着培养研究生重任的导师来讲，带研究生不在多，而在于成才率高不高，为国家和社会作出的贡献大不大。马克斯·玻恩是英国爱丁堡大学的著名教授，是我国国家科学技术最高奖获得者程开甲院士的导师，他培养的四名中国学生全部当选两院院士，可以说是研究生导师的典范。我国也有不少这样的研究生导师，潜心教书育人，培养了一大批为国家作出突出贡献的高层次人才。

政治路线确定之后，干部就是决定性因素。对于具有研究生培养能力的大学来讲，建设研究生教育强国目标明确后，提升包括博士生导师在内的研究生导师队伍水平就是决定性因素。国家对研究生教育工作的总体规划、教育部门关于这项工作的安排部署、各个大学提升研究生教育质量的发展目标，迫切需要打造一支师德高尚、学风严谨、能力超群、视野开阔、关爱学生的研究生导师队伍。有了这样一批素质高、要求严的研究生导师，才能真正加快培养一批又一批国家急需的高层次人才的步伐，培育出一支担负未来科研创新的主力军，为提升我国科研创新能力、解决“卡脖子”问题、推进创新型国家建设提供强大的人才资源和科研支撑。

作为我国高等教育领域成立时间最长、规模最大、影响最广泛的学术社团，中国高等教育学会始终把服务高等教育改革发展、服务政府部门宏观决策、服务高等学校办学实践、服务高等教育理论探索作为核心任务。学会秘书处充分发挥自身优势，围绕高等教育学学科博士生培养这个主题，邀请以学会学术委员会成员为主的多所大学博士生导师总结博士生培养的丰富经验，探讨高素质专业人才的成长规律，是贯彻习近平总书记关于研究生教育工作重要指示的积极探索，是加强研究生导师队伍建设和推进大学提升高层次人才培养质量的有益尝试。希望学会能够团结越来越多的专家学者，开展越来越有成效的学术活动，为建设高等教育强国作出越来越大的贡献。

是为序。

杜玉波

2020 年 8 月

# 目　　录

## 第五编 借鉴成功案例

# 特稿:深入浅出与由博返约

潘懋元

**潘懋元**,厦门大学原副校长,创办并主持了全国第一所高等教育研究机构——厦门大学高等教育科学研究室。厦门大学教育研究院教授、博士生导师。已培养博士生约150位。

培养高等教育学博士生是一项系统工程,既要注重理论教学,也要注重实践教学;既要重视课堂教学,更要重视学术活动;既要重视学生的基础,也要重视引导和点拨;既要注重增强学术修养,更要注重培养学生的"教育爱"。

**"学习—研究—实践"教学法是一种有效教学法**

对于博士生学术能力的培养,大学和导师只能提供必要条件,成才靠自己。所谓必要条件,包括具有优良学术气氛的环境,必要的图书资料以及其他教师的帮助。在多年的高等教育理论和实践探索基础上,厦门大学教育研究院逐步形成了一套适用于研究生培养的"学习—研究—实践"三位一体的课程教学法。

完成一门课程通常需要完成系列环节:首先是总体组织课程,对本门课程做必要的准备和说明,包括修订讲义,拟定讨论话题,说明本门课程的目的、意义和争论之处,并为学生推荐必要的参考书。接着从本门课程中选取基础课题进行深入讲解。然后在经过一轮的课程教学后,为学生提供一些题目,让他们从中选取某个题目进行一个月的自由学习、研究,并随时提供必要的咨询。最后,每位博士生就自己的研究成果在全班进行讲课和答辩,其他博士生展开讨论;每位博士生的报告时间不少于一个小时,老师就每位学生的讲课内容和教学能力进行全面恰当的点评。采用"学习—研究—实践"三位一体的教学法,师生之间可以互相讨论,相互问难质疑,容易形成教师乐教、学生好学的学术氛围。这一教学模式2001年获得国家级教学成果一等奖。

## “实践”教学法应贯穿于教学始终

培养博士生，应重视其社会实践能力的培养，注重在实践中发现问题，解决问题。高等教育学者应善于从教育实践中发现问题，并以教育实践检验理论。只有经过实践检验的理论，才是正确的。在前面讲的“学习—研究—实践”三位一体的研究生培养模式中，前两个环节，学生不是放任式学习，而是带着老师设计的主题进行学习和研究。老师根据主题给学生开书单让学生阅读。“实践”环节，则让大家把学习心得和体会拿到课堂上讲，其他同学当评委来评析，并展开讨论。

从20世纪80年代末开始，厦门大学教育研究院的博士新生每年都会赴国内各地高校开展为期一周（有时长达半个多月）的高等教育专题实践调研活动。博士生专题实践调研活动已成为厦门大学教育研究院博士生教育的重要环节，对提高博士生培养质量发挥了重要作用。

## 采取“为教而学”的教学方法效果更好

对于博士生来说，应尽可能让他们就其所长，承担一门课程的教学任务，这比让他们听一门课或自学一门课，然后考一考或写篇学习报告，效果要好。“教而后知困”“知困然后能自强也”。为教而学，学习的广度与深度大不相同，既让他们系统深入地学习了一门课程，又可以从中考察他们的教学态度和教学能力。当然，有的课老师也得讲，但只需讲观点以及形成这些观点的过程；对于有争论的问题以及解决问题的思路，尚未解决的问题以及为什么难于解决，等等，让博士生写学习报告，写对教材的不同见解或修改、补充的意见。

老师不仅应当知道如何把自己的学识传授给学生，还应该使学生明白，要让学生能听懂，能吸收，不能只管讲，不管别人听不听得进去。

## 学术活动比课程学习更为重要

在一定意义上，博士生成长教育中的学术活动比课程学习更为重要。为此，在引导学生成才的过程中，除了重视学生的课程学习外，还应特别重视博士生的学术活动。应该为学生的成长创造良好的环境，使他们从中受到熏陶。老师应该鼓励、支持学生参与各种类型的学术活动，鼓励学生在学院的学术会议上作学术报告，积极参与讨论。与此同时，老师还应该勉励学生撰写有质量的论文去参加校外学术会议。学生们在参与的过程中活跃了学术思想，扩大了学术视野。另外，老师不仅应该要求博士生具有独立从事科研的能力，还要培养其成为未来学术带头人，具备组织、领导集体学术研究的能力。

## 学术沙龙是提高学生学术修养的良好载体

教学相长，老师应该和学生保持平等和谐的师生关系。作为导师，指导不一定在课堂上和论文中，也可以在平时的师生交谈中。一个人的想法是有限的，只有大家讨论、辩论，才会碰撞出思想的火花。学术沙龙是提高学生学术修养的重要载体。

沙龙是漫谈式的，大家围坐一堂，聊天下大事，话日常见闻，各抒己见，纵横捭阖。在沙龙中，大家自由讨论，平等对话，启迪思维，追求真理。厦门大学教育研究院的教授都开设了学术沙龙，学术沙龙已经成为厦门大学教育研究院的学术传统。老师与年轻人交流、讨论问题，总能感受到新思想、新观念的碰撞和冲击，并可以发现和把握青年人思想的闪光点，加以提炼和系统化。年轻人思维活跃，我们许多老师的高等教育创新观点就是在与博士生讨论时受到的启发。

## 论文选题应重视学生原有基础

写出一篇高质量、有创见的学位论文，是博士生的中心工作。有人认为博士论文选题，最好是导师的研究方向或系列研究课题的组成部分，这是很重要的，但不应排斥博士生选择非导师研究方向的课题，研究导师未研究过的或无力研究的课题，更重要的是根据博士生原有的研究基础和知识结构来确定研究方向与课题。这样，导师是不是就不起作用了？其实不会的。研究计划由博士生自己制订，研究方法由他们选定，导师只从方法论上提供一些咨询，在具体内容上指导不多，干涉就可能较少，博士生的“自主性”也就较大。这未必不是好事。当然，必要时还可以请校外专家帮助。

## 应重视方向指引、方法点拨、人格影响

高层次的专门人才和学术带头人，不仅要具有学术水平、研究能力与组织领导能力，还必须具有较好的思想修养。博士生的思想教育应当围绕成才教育这一中心任务来进行。对他们思想修养的要求应有三个层次：第一个层次就是《国务院学

位委员会关于做好博士研究生学位授予工作的通知》中所规定的政治标准。第二个层次是任何科学家都必须具有的事业心、责任感和科学态度、科学道德，在今天应该特别重视这一层次的修养。一个缺乏事业心的人，是难以担当科学事业的开拓重任的；一个责任感不强、敷衍草率的人，难以树立带头人应有的威信；一个科学态度不严肃、治学不严谨的人，是难以攀登科学高峰的。第三个层次是对本学科发展的理想、信心、意志与热情，这些是成为本学科有成就的专家和学术带头人必要的非智力因素。尤其是对一门正在发展中、尚不受社会普遍理解与重视的新兴学科，从事这种学科研究的科学家更要有明确的理想、坚定的信心、坚强的意志与高度的热情。

成才教育，不能离开特定的时代特点与社会背景。虽然对于二三十岁的研究生来说，他们的世界观、价值观、人生观已经基本定型，但是，随着改革开放的进展，在西方思想大量传入和市场经济浪潮的冲击下，他们往往仍处于动荡、矛盾、不平衡的心理状态中。一方面，他们很重视作为高层次专门人才的社会价值，有强烈的社会责任感与参与意识；另一方面，他们自我价值、自我实现的意识强烈，甚至发展为“自我中心”。由此，他们往往处于传统文化与西方文化，社会价值与自我价值，理想目标与客观现实，献身科学事业与就业、待遇、婚恋、家庭种种生活问题的矛盾之间。如何解决这些矛盾，取得心理平衡？研究生已有一定的自我心理调节能力，虽然不必过多地干预他们的内心生活，但是导师也必须经常注意在尊重他们的判断与选择的前提下，同他们坦诚地交换意见，适当引导、鼓励他们辩证地对待传统观念与西方思想，在追求社会价值中实现自我价值，把理想目标立足于客观现实之上，在献身科学事业中正确处理生活问题。对于重大的政治立场问题，尤其要注意正确引导。

对于社会科学来说，导师对博士生的指导，专业的具体帮助不是最重要的，重要的是方向上的指引、方法上的点拨以及人格上的影响。对于博士生的学术观点与学术见解，只要言之成理，持之有故，不一定要强求与导师一致，以免压抑他们的创新精神。但是，对于社会科学研究中容易产生的一些偏向，如照搬洋教条、理论脱离实际、忽视应用科学理论的可行性、思维逻辑不严密等，就要从方法论上加以纠正、引导。即使是某些显然错误的观点，也不要简单地划禁区、扣帽子。最好从方法论上找出它的错误所在，引导他们去重新审查自己的结论，去修正自己的结论。

总体而言，博士生培养应追求“深入浅出”和“由博返约”。深要深在思想上，深在理论上，要深入到事物的本质特征和基本规律。只有真正深入本质，把握了基本规律，才能浅出。很多研究者以把简单的东西讲得深奥难懂为学问，在治学上表现为正在深入，却未深入到本质，没有把握住最基本的规律，因而也无浅出。做学问，要做到深入浅出，由博返约，既有下功夫的问题，也有端正思想的问题。

（本文由高晓杰整理，经潘懋元先生审定）

# 第一编 强化问题意识

# 博士生培养过程要注重养成问题意识

阎凤桥

**阎凤桥**，北京大学教育学院院长、党委书记、教授、博士生导师。已培养学术型博士生 12 位、专业型博士生 17 位。

博士生是我国大学教师队伍的后备军，他们中的一些人将会走向教学或研究岗位，到大学或研究机构去从事教学或学术研究工作，其水平高低直接影响着我们国家高等教育的质量。每一位博士生，都渴望成为一名优秀的学者。以下结合笔者所在的北京大学教育学院博士生培养的情况以及自己的经历，谈谈对博士生培养的几点看法。

## 一、博士论文是博士生培养的关键环节

完成一篇高质量的博士论文，是博士培养过程中最为重要的环节，因为它是全部学习成果的集中体现，将为博士学位获得者以后学术生涯的发展奠定基础。在北京大学教育学院有两类博士生，分别是学术型博士生和专业型博士生，两类博士生正常的学制均为 4 年（对于硕博连读学生而言，博士学制为 3 年），如果在学期间获得出国访学机会的话，可以延长一年学制。但实际上存在着这样或那样原因造成延期毕业的情况，学校为此作了最长学制 8 年的规定。与美国研究型大学相比，我国培养博士生的学制是相对较短的，美国一般在 5 年以上（美国硕士学制相对较短），因学科不同而有所差异。2014 年，笔者去斯坦福大学访学，了解到他们那里教师与博士生的比例关系是 3 ∶ 2，师均博士生规模比我们低。这样，从规模和学习年限就可以判断出质量孰高孰低。后来看到一些分析报告说，我们培养的博士生质量不比国外大学低，但至少在笔者所熟悉的社会科学领域并非如此。无论何种类型的博士生，在北京大学都要经历以下几个学术训练环节，才能完成学业，获得博士学位。（1）修课。北京大学的学分要求并不高，为十几个学分，当然，学生可以在学分要求之外，选修更多的相关课程，这属于个人学习行为。一般博士生要用一年、最多两年时间完成修课任务。（2）综合考试。它相当于国外大学博士生

的“资格考试”(qualification)。北京大学教育学院采取的综合考试形式是,学生提交三篇论文,分别是自己感兴趣的一个研究问题的文献评述、一个理论的发展及应用情况述评、一个小型的实证研究。然后,学院以一个类似于答辩的形式,作为对学生进入论文阶段前学业准备情况的综合考核。(3) 论文开题。学生完成博士论文开题报告,然后经过一个答辩环节,就可以进入正式的论文研究和写作阶段。(4) 论文预答辩。学生完成博士论文后,征得导师的同意,可以参加由校内教师组织的预答辩,对论文有一个基本判断,判断其是否达到论文外审的要求。(5) 论文答辩。在答辩之前,先要将论文送给专家进行匿名评审,包括至少 5 名专家(2 名校外人员和 3 名校内人员),评审结果存在以下几种情况:一是 5 名专家均同意答辩,就可以提交答辩委员会进行正式答辩;二是有 1 名专家不同意答辩,可以再找 1 名专家征求意见,如果这位专家同意,也可以照常答辩,如果仍然不同意,那么取消这名同学此次的答辩资格;三是出现 2 名及以上专家匿名评审不同意的情况,直接取消这名同学此次的答辩资格。论文答辩程序看上去很严格,但还是存在着不少出于怜悯而“手下留情”的评判。

从上面对博士生各个培养环节的简单介绍可以看出,围绕着博士论文这个核心组成的若干学习环节,构成了博士生学习的全部过程。对于很多博士生而言,前两个环节相对容易完成,后三个环节则具有一定的挑战性,不少博士生的延期毕业主要是由后三个环节迟缓造成的。

谈到博士论文的重要性,不难发现,学术史上不乏博士论文成为一名学者代表作和学术经典的情形,比如说,我们熟知的费孝通的《江村经济》[1]就是基于其博士论文撰写而成的,深刻地揭示了我国农民的生活状态,成为有关中国社会学研究的经典之作;经济学家科斯(Ronald H. Coase)在其博士论文中提出的“交易成本”概念,成为后来兴起的制度经济学的理论基石,几十年后,他因此获得了诺贝尔经济学奖。

笔者于 20 世纪 90 年代中期攻读博士学位期间,北京大学高教所原所长汪永铨老师说过,一个人只会在博士学习阶段投入如此长的时间并如此专注地研究一个问题,因此,他认为博士论文应该是最好的学术作品来源之一。他还认为,优秀的博士论文不是导师按部就班指导出来的,而是博士生个人创造性工作的体现,它应该超出导师的预期。据此,他特别告诫我们,不要把博士论文做成一道“大习题”[2]。笔者在每年参与的博士论文评审和答辩过程中,常常会发现一些博士论文的完成情况并不尽如人意，主要表现是内容平淡，不能提出和回答在智力上具有挑战性的问题。在一些论文答辩场合，只要听到“不研究也可以想到这个结果”评语的话，就说明这不是一项成功的研究。在笔者指导的博士生中，有一些博士生经过较长时间的课程学习、进入论文选题阶段后，对于学术研究仍然没有什么感受，提不出像样的问题。有些专业型博士生甚至难以改变长期形成的思维方式，把博士论文当作工作报告来完成，或者当作教科书来撰写，这是经常遇到的问题。此外，专业型博士与学术型博士到底有什么区别，在学位论文上要求是否一致？对于这个问题，我们也没有找到满意的答案，权且对专业型博士论文做近似为学术型博士论文的要求，所以专业型博士延期甚至中途退出的情况很普遍。我反复对博士生们说，学术“感觉”（taste）很重要，它像是指南针，决定着一个人的学术鉴别力和方向感，有了它，师生之间就好沟通与交流；缺少它，彼此不论如何频繁交流，都难以谈得投机和有效。

## 二、博士论文研究中的问题意识

如何才能养成一种学术感觉呢？笔者认为，一个很重要的方式是养成学术问题意识。北京大学教育学院陈学飞老师把人才培养目标归结为六种意识，其中问题意识位居前列，另外五种意识分别为：学理意识、方法意识、历史意识、国际意识、政策意识。我在攻读博士学位期间，我的业师闵维方也告诫我们，要善于发现知识上的“缺口”（gap），这样才能使自己的研究具有创新意义和学术价值。

在阅读专业文献之余，我比较喜欢看一些学者的学术随笔，从中品味他们“八股”学术著作之外的东西，包括治学的态度和方式，颇有收获。王元化曾说，“学术性”与“思想性”应该兼顾，前者是就研究的严谨性而言，后者指研究的元气淋漓或者家国情怀一面。所以，在阅读范围上扩展一些是有所裨益的。现在微信成为一种有效的传播手段，在上面也可以经常看到一些有趣的作品。前几年，在微信公众号上看过刘思达一篇题为《方庭的窗口——芝大留学往事》的文章，讲述的是他从北京大学法学院毕业后，去芝加哥大学社会学系攻读博士学位的经历，以及这期间导师对他的影响，让我再次体会到一流大学严格的学术训练，以及学术功力是通过磨炼而成的。他的博士论文中文版已经出版[3]。另外，也是前几年偶然看到的一篇文章，作者是肖索未，题目是《我的“二奶”研究》，讲述了她做博士论文的经历，其理论和田野工作令人肃然起敬，她的博士论文也出版了[4]。上面的内容看似与高等教育学专业相去甚远,但是我会建议博士生去阅读,学术界域不应该分得太清楚,只要可以从中获益,都值得去学习。

从语义角度出发,将词汇做一些对比,也许有利于我们认识什么是问题意识。对应着中文的"问题",在英文中,至少有三个词汇,分别是 problem, issue 和 question。第一个词汇 problem 有不顺畅、不理想、出现麻烦的含义,它可能是研究问题的缘起,也可能不是,但其本身肯定不能算是研究问题。比方说,教育质量不高、就业率低和就业质量不高、办学经费不充足和使用效率低、教育不公平等,它们既是现实中存在的问题,也体现了我们对现实的关怀,但其本身不会自然成为研究问题。要从现实问题中提炼出研究问题,还需要一个学理上的转化过程。经常出现的一个情况便是,把现实问题与学术问题混为一谈,把现实问题直接看成研究问题。还有些同学的选题喜欢跟着政府文件中的说法走,这同样也是一个认识上的偏见。第二个词汇 issue 有值得"关注"(concern)的含义,它的问题程度比 problem 要轻一些。issue 同样也不必然和不足以成为研究问题本身。当我们谈到学术研究问题时,用第三个词汇 question 比较合适。它反映出一个疑问,可以以疑问句的形式呈现出来,需要给出答案,或者更严格地说是呈现整个探究的过程。学术问题的确定,首先就要提出学术上的一个疑问,然后研究者经过一个探究过程,给以学理上的回答。当然,如果能够从 problem 和 issue 中提炼出学理性的问题,则是一种现实性与学理性兼得的论文选题,也就是我们经常说的"既有现实关怀,又有理论关怀"。

对于 question 这个词,笔者以为可以从以下三个方面来理解。第一,对于研究者来说,它是一种"困惑"(puzzle),或者说就是不容易理解的地方,由此产生探究的好奇。打一个比方,对于"众人皆醉、唯我独醒"这种状况,如果说"众人皆醉"是一种普遍事实的话,它容易被辨识,不足为奇,相反,"唯我独醒"则是一种反例,更具有"困惑"感,值得去探究它存在的理由是什么。同理,对于前面提到的教育质量问题,值得研究的对象可能不是质量不高的那些群体,反而是凤毛麟角者,即质量高或者表现出众的那些机构,他们为什么能够做到特立独行,这本身就是引人深思的。总之,研究的问题至少要使研究者产生一种困惑。是不是使一个人具有困惑感的事情都可以变成值得研究的问题呢?这就是我想说的第二点,只有将个人困惑的问题上升到一个学术界共同困惑的问题,才值得作为博士论文的题目去研究。如何发现共同困惑的问题呢?这就需要了解和分析前人做过的研究,也就是通过文献评述这种形式，找到知识上的缺口。说到文献，我想顺便说明两点。一是我们做的不是文献“综述”，而是文献“评述”(review)。虽然它们只是一字之差，含义却大相径庭。前者不包含问题意识，只要了解他人的工作即可，这样去做文献工作，容易产生文献与论文内容彼此无关，即所谓“两张皮”的问题；后者包含问题意识，只有带着问题意识去阅读文献，才能发现问题，找到知识体系中的“缺口”，文献工作的真正价值才能体现出来。二是随着信息技术的进步，查阅文献变得越来越便捷，可以通过各种数据库检索系统搜索到大量的信息，甚至可以迅速地从数以千计的文献中勾画出概念图谱。但在这种便捷中要防止忽视艰苦的智力付出，用“文献检索”代替“文献阅读”，用机器工作代替人脑工作。我对研究问题想说的第三点是，当我们无法用现有的研究成果去回答现实中遇到的情形时，这正好是可以提出研究问题之处。例如人力资本理论的提出，就在于舒尔茨(Theodore W. Schultz)等人发现通过常规的生产要素无法解释经济增长这个事实，于是他们才把这种经济上的“剩余”归结为人力资本的作用。在研究问题成立的前提下，我们还可以进一步区分研究问题的重要性和学术价值，有些人能够提出根本性的研究问题，科斯和舒尔茨就是这方面的典型，他们就有可能做出高水平的研究成果；反之，如果提出的研究问题是细枝末节的，那么就难以结出丰硕的学术成果。好的研究成果的价值不会随着时间的流逝而贬值，即使短暂蒙尘，日后也会发扬光大；反之，价值不大的研究成果则很快变得无人问津。毋庸置疑，我们都希望自己研究成果的生命周期长一些。

我遇到过一些博士生，他们总担心自己的选题别人已经做过了，看到一个与自己题目貌似的论文，就开始担心、停步不前甚至干脆放弃，总希望能够找到别人尚未涉足的问题。我想，这里存在着误解和不必要的担心。我们当然没有必要去重复别人的研究，但是别人讨论过的问题领域，并不排除我们继续研究的可能。如果你这样认为，那说明你还没有掌握研究的真谛。其实，两个看似相似的题目，由于研究者的功力、掌握的材料、采取的分析方法、选择的理论范式不同，而存在着本质的差别。将“魔鬼在细节中”这个谚语用在这里，可能是恰当的，你可以在具体和细微之处做得与众不同。总之，确定研究题目不是一件容易的事，但已有的研究绝没有穷尽之。进而言之，现在很难找到一个全新的问题，即使你真的找到一个别人完全没有涉足的问题，也要审问一下，是不是这个所谓的新问题本身就没有价值。在参加论文评审过程中，我们有时会听到某些答辩人无知无畏地讲自己首次研究了什么问题，我们都会善意地去提醒他们，慎用“首次”。所以，我比较赞同历史学者罗志田老师的说法，与其要求学生在论文中写出几个创新点，不如鼓励学生做“扎实”的研究[5]。论文选题时，无法顾名思义从题目中作出判断，而是要看它的实质内涵。在选题阶段，当同学拿着由若干“中性名词”（与下文提到的“分析性概念”相对）组成一句话的论文题目问我行不行时，我的回答通常是：从一句话难以判断行还是不行，需要把这句话展开，写出半页纸的含义，把思路讲清楚，这样我才能回答你的提问，与你进行讨论。博士生要努力把学位论文摘要写好、写到位，它是研究内容的集中反映，也是思想精华所在。最后一点，研究问题的确定不能太开放，要有适当的界定。上过我院陈向明老师“质性研究方法”课的同学都深有感触，要不断地去“聚焦”（focus）研究问题。笔者的博士答辩委员会的成员陈良焜老师曾经打过一个比方：确定研究问题如同下围棋一样，要遵循“金角、银边、草肚皮”的次序，过于开放的研究问题很容易受到别人的攻击，相反，对研究问题做适当的界定，才能把问题讲清楚，同时也为自己建立起了一道防护的屏障。

## 三、如何养成研究中的问题意识

下面，笔者举几个例子，来说明现实性与学理性兼得的好研究。艾里克（Eric Klinenberg）在博士论文基础上，出版了一本名为《热浪》的学术专著，获得学术界的好评[6]。他在加州伯克利大学社会学系攻读博士学位时，完成了这个关于芝加哥热浪造成大量人员死亡问题的研究。事情大致是这样的，1995 年 7 月 14—20 日，芝加哥城市的气温超过 100 华氏度（38 摄氏度）。在短短一周内，非正常死亡人数高达 739 人。出生于芝加哥的艾里克，既是出于对家乡的热爱，更是出于对社会问题的深切关注，他想知道，死了这么多人，这到底是一场天灾，还是一场人祸？为了搞清楚事实真相，他做了大量的调查，收集了各方面的资料，呈现给读者一幅比较完整的事件图像。他通过研究发现，这不仅是一场自然灾难，也折射出许多社会问题，如独居老人、贫困、犯罪、社会关照、政府作为、媒体表现等。独居老人是受害严重人群，没有家人在身边，缺少社会支持网络，使这个人群成为受害最严重的人群。另外，他还发现，黑色族裔人群也是受害严重的一个人群，这与他们贫困以及居住地犯罪率高是分不开的。相反，同样贫困但居住环境比较安全的拉丁裔人群却受害较轻，因为没有犯罪和安全顾虑，所以他们可以外出，享受有空调设施的公共空间。在热浪危机出现后，政府表现异常，判断有误，反应迟缓，措施不得力，与政府

"再造工程"中走向私有化的倾向有一定的关系。在笔者写作此拙作时,正好是"新冠肺炎"在我国肆虐的2020年春节假期。这个大事件以及其他的重大社会事件,都是非常值得研究的素材。一个社会在正常情况下是可以平稳运转的,但在特殊情况下就容易暴露出其不足和缺陷,这正是难得的研究机遇。第二个例子是,北京大学哲学系吴飞教授在哈佛大学攻读博士学位期间,选择了中国农村的自杀现象作为研究问题,经过艰苦的田野工作,收集到难得的资料,又经过认真的理论分析,他提出中国人的自杀行为主要不是精神问题,而是带有特殊的文化含义,概括起来就是后来成书的书名——浮生取义。他的研究对象,即那些自杀者往往是为了"一口气"而寻短见,即为义而轻生,与西方人自杀行为的缘由(如精神疾病等)有显著的差别[7]。我们应该经常阅读这些好的作品,与学术修养高的人交流,才能提高我们的学术修养,从而学会捕捉和确定研究问题。

如何养成研究中的问题意识?笔者有如下一些感受和想法,虽然分列几点,但其实彼此都是相关的。

第一,批判性思维(critical thinking)。它是敢于挑战既成学说的一种内在素养。它与前面提到的"困惑"感是密切相关的,两者相辅相成。一般而言,缺少批判性思维,也就难有困惑感;反之,把一切都视为常态,也不容易做到批评性思考。批判性思维的养成,需要把自己经常暴露在相互冲突的学术观点之下,不断比较不同学术观点之间的异同、事实证据、论证逻辑的严密性等,不要轻易地下结论,即使下结论,也要把它看成是暂时的,在一定条件下成立,为后续研究留白。提出"分析性概念"(analytical concept)无疑有助于实现这一目的。所谓分析性概念,就是本身具有学术分析功能的概念。例如费孝通先生提出的"差序格局"就是一个典型的例子,我们可以用它去分析我们的研究对象是否存在着关系上的疏密,本身就值得去证实或证伪。

第二,客观中立。客观中立是研究客观性的体现。有关研究的客观性和主观性是一个复杂的问题,后现代范式可能有不同的看法,暂且不论。对于博士生而言,比较常出现的问题是,由于他们太把"问题"(problem)当回事,在没有了解清楚事实真相的情况下,就急着去给出解决的办法,提出改进的建议,不仅会放松认识上的要求和学理上的探究,而且所提出的解决办法也常常是表面的、无足轻重的,这样做研究就容易变成医生给病人开"处方"(prescription)。

第三,实然性原则。笔者在评阅论文时经常提出的一个建议是,要注重从实然角度去考虑问题，而不要过度从应然角度去开展研究。这与上面提及的客观中立原则是密切相关的，但也有不同的侧重。现实关怀过于重的话，总想去解决问题、给出答案，往往会影响对问题原因的深度探究。从实然的角度看，事物本身具有整体性，包含着许多作用和变化的“纹理”，解剖清楚一个完整的个体，往往比把许多样本混合在一起进行研究更有利于揭示变化的机制。好的案例分析，有利于达到机制研究的目的；相反，一些缺少信度、效度的问卷调查为追求统计性的效果，则把研究对象的完整性人为地削弱了，不利于揭示真相和变化规律。从形式逻辑上看，一个有趣的研究不宜是一个短逻辑链的分析，而适宜进行长逻辑链的分析，在一定的深度视野中把握研究对象的特质。斯坦福大学周雪光老师与我院师生交流时提出，研究的意义在于试图讲出一些道理。那么推而言之，能够揭示深刻道理的研究一定胜于揭示浅显道理的研究。任何研究都有“史”与“论”两个方面，有些研究侧重于前者，其价值体现在真实而丰富的史料；另外一些研究则侧重于后者，其价值体现在说理，如果两头都不沾的话，自然与好研究无缘了。

第四，竞争性的假设（competing hypotheses）。在研究过程中，如果研究问题可以聚焦到一定程度的话，我们会提出研究假设，把研究问题表述为一个假设，使欲探究的关系以更加鲜明和清晰的方式呈现出来。人文和社会科学关注的问题一般都比较复杂，不存在唯一确切的答案或者解释，往往是由于多种可能造成的，于是我们在提出研究假设时，就不是提出一个假设，而是一对对立的假设，或者说有竞争性的假设。能提出竞争性假设，基于多种对立理论范式的并存。比如在教育经济学中，从人力资本理论角度提出的假设就与从筛选理论角度提出的假设不同，也就是说，对于教育与生产力之间关系的解释，既可以从人力资本理论角度进行，也可以从筛选理论角度进行，既然存在两种可能的解释，就需要予以辨析，研究就可以在辨析过程中处于一种较好的态势。再如，在教育组织分析中，既可以从理性角度去分析，也可以从与其相左的制度理论角度去分析。举一个稍微具体一些的例子，一所高校采取“长聘-预聘”人事制度，它可能是由于该校根据实际需要出发提出来的，也可能是由于看到其他大学都采取这种做法而去模仿它们，前者就是理性做法，后者就属于制度主义的行为方式。采取这种多元的方式去讨论问题，是不是比一味从一个角度去探究问题更有趣呢？

笔者在上面着重阐述了培养问题意识对于开展学术研究的重要性，其实学术研究是一个整体，没有其他方面的配合，比如研究方法方面的训练、田野的经历，同样提不出好的研究问题，也做不出好的学术研究。博士生学术训练过程就是增强学术功力的过程，不是一蹴而就的，没有太多“灵丹妙药”，要靠艰苦的智力劳动换来。在一个多元化的社会，不是所有人都愿意以学术为业，也不一定所有人都要选择这样一种生活方式。但是，如果选定的话，我们需要不断涵养自己，才能达到一种境界。漫漫学术之路，导师与博士生是同行者，踏上这条道路，既需要付出艰辛，又可以收获快乐。愿以此文，与未来的学者同仁共勉。

## 参考文献


[1] 费孝通.江村经济[M].北京：北京大学出版社，2012.

[2] 汪永铨.关于我国高等教育科学研究的几点思考[J].教育研究，1999(10).

[3] 刘思达.割据的逻辑：中国法律服务市场的生态分析[M].上海：上海三联书店，2011.

[4] 肖索未.欲望与尊严：转型期中国的阶层、性别与亲密关系[M].北京：社会科学文献出版社，2018.

[5] 罗志田.道大无外：校园与社会[M].北京：社会科学文献出版社，2016.

[6] 埃里克·克里纳伯格.热浪：芝加哥灾难的社会剖析[M].徐家良，等译.北京：商务印书馆，2014.

[7] 吴飞.浮生取义：对华北某县自杀现象的文化解读[M].北京：中国人民大学出版社，2009.


（本文原载于《中国高教研究》2020 年第 5 期）

# 重视培养博士生的问题意识与理论思维

李立国

**李立国**，中国人民大学教育学院副院长、教授、博士生导师。已培养博士生8位。

博士研究生的根本在于理论功底、理论思维与理论水平，这是博士生培养的着力点和关键，是博士生教育不同于其他人才培养的本质所在。从高等教育学学科来看，无论是认为高等教育学是多学科视野的研究范畴，还是理解其是实践性很强的学科，但必须都认同一点，那就是高等教育学也属于科学研究，其多学科视野和实践学科定位都不能替代其理论性。

## 一、高等教育学专业博士生理论思维培养的迫切性

目前我国研究生招生规模不断扩张，高校博士生教育承载的压力日渐增加，申请博士学位的人越来越多，但我发现很多申请者缺乏必备的理论思维。理论不同于思想，可以说每一个人都有思想，但并不表示每一个人都懂得理论。很多人都对高等教育发表见解，提出自己的看法，有的虽具有思想性，但不具备理论性。当然，理论并不是故作高深，而是对于现实世界的深刻理解和高度概括，是对于实践的普遍性解释。越是有用的理论越有普遍性，也是简洁明了的。我们对于西方高等教育理论引用最多的是伯顿·克拉克的学术、市场、政府的“三角”模型，这个模型简洁明了，但是却深刻揭示了高等教育制度的规律。理论不是长篇大论，也不是将简单的实践问题绕来绕去把大家弄糊涂。高等教育理论是对于高等教育提出的普遍性解释，是讲好“高等教育故事”，有时把故事讲好了，也就把理论认识与理解搞清晰了。现在，包括西方高等教育学术界的研究在内，缺乏对于高等教育的深刻认识，缺乏解释普遍性事实的理论，缺乏高度概括的概念，所以高等教育研究现在最缺的是精准的概念供给与理论供给。

与专业知识不同，知识性的东西可以通过课程学习、课外阅读迅速补上，而理论思维是一种学术能力，是读博士、做研究的必要准备，是能把理论与现象综合运

用、系统思考的思维方式。专业的高等教育研究者区别于普通大众的认识就在于其系统的理论,必须站在理论高度思考问题,揭示现象背后的实质。如今数量迅速增长的博士生,大部分是从本科一路读上来、学习经历没有中断的同学,他们中的很多人对于为什么读博士没有清晰的概念与思考,在不了解为什么做研究、做什么研究、如何做研究的情况下盲目选择读博。特别是对于高等教育学专业的同学而言,往往会把自己一直处在高等教育机构以及从学生角度对机构的熟悉错当成对高等教育理论的了解,简单地以为要研究的对象就是自己从没有离开的学校,这本身就狭义理解了高等教育学。还有一部分同学没有将学术研究作为自己读博的第一目标,他们本身想要的就是博士学位这一纸证书,有助于在就业过程中突破一些限制、弥补一些短板,在学习过程中他们不会把大量的时间与精力投入到本应是学术型博士应该致力的科学研究上,因此结果也差强人意。

约翰·布鲁贝克认为高等教育的哲学基础一是认识论,把以"闲逸的好奇"精神追求知识作为目的;二是政治论,强调服务国家。借鉴到高等教育学专业的人才培养,我认为前者强调理论思考,而后者强调实践服务,两种追求相辅相成、密不可分,当然学生可以在其他方面努力用功,但理论一定是"内功",是应该在年轻的时候打好的基础。然而现在大多数同学的本科、硕士专业并非出自高等教育专业,甚至与教育学不太相关,他们对于高等教育学的基本知识、方法论与框架体系、前沿知识了解甚少,可能一入学就跟着导师进入了某一特别具体的研究问题和领域,这就导致学生看上去在某一方面很钻研,"武功套路"很熟,但"内功"不行,知识基础非常差,对高等教育史、高等教育哲学等基本知识一知半解,甚至一窍不通,造成了一种"外强中干"式的培养假象。这种假象制造出来的博士做研究浮于表面,只能就问题论问题,就现象论现象,其研究其表面看着像模像样,但本质上无法将分析的问题与基本理论和知识联系起来,欠缺学术深度与贡献。

## 二、重新理解并重视博士阶段的课程学习

博士生培养不可能只依靠导师一人指导学习,从国际经验和国内发展趋势来看,博士生的培养要依靠团队力量、依靠育人环境、依靠协同育人,而协同育人的实现路径,最重要的就是课程学习。我个人非常推崇高强度的课程学习,这是知识拓展与学术训练不可取代的必要方式。在美国高等教育专业的培养体系中,对博士生的课程学习要求非常高,如威斯康星大学麦迪逊分校研究生院设定所有博士课

程必须达到51个学分的最低要求，纽约大学高等教育政策项目的研究型博士生学分要求在60分以上，哥伦比亚大学教育领导学专业博士要求90个学分，是国内高等教育学博士生学分的2倍甚至3倍。因此对于博士生来说，如此高强度的课程学习与学术训练能够帮助他们夯实专业基础、拓展专业知识，通过课程把控博士生的培养过程，把那些“浑水摸鱼”、只想要一纸证书的人分流出去，真正实现“宽进严出”。

当然会有人质疑，都到了博士阶段，为什么还强调课程这样呆板的培养方式，但事实上博士阶段的课程学习与通常理解的“老师教”是不同的。从国际经验来看，博士课程主要以理论研究与文献阅读为主，博士课程阅读量巨大，每门课有几百上千页的阅读材料，授课形式主要是习明纳(seminar)，要求学生成为课堂的主讲人，带领其他同学进行某个知识点或者话题的学习与讨论，而教授负责引导和提问。习明纳教学方式是建立在思辨、应用与再呈现的基础上的，而非知识的介绍与普及，要求主讲学生首先要透彻理解知识，对本领域和相关领域的学术传统、前沿信息有比较系统的掌握，同时还通过要求他们把内容讲明白、让听众好理解，锻炼其逻辑思维、组织能力、表达能力与教学能力。当然，必须强调的一点是习明纳并不是变相帮教授减轻教学负担或是逃避教学责任，反而是提出了更高的要求。教授不能只是照本宣科，要对每个学生及其分享内容都有所了解和掌握，能够根据课程主线和基本理论做出准确引导和点评，这非常考验教授们的基本功与知识面。

反观当前国内博士培养时间相对较短，采取“学位论文为主，课程学习为辅”的培养方式，常常更关注毕业论文的选题和撰写，同时要求学生实现一定的科研论文发表，使得学生也陷入了“发论文魔咒”中，跟着导师一起“轻教学、重科研”，以结果导向努力写论文、发论文，反而忽视了博士生培养最重要的方式——课程学习，完全不利于博士生的人才培养。

## 三、培养学生的问题意识和从理论角度认识问题的能力

当然，做研究是博士生培养的必经之路。前辈教育学者经常讲，做课题或者写论文，如果能够发现和提出好的问题，就成功了一半。我原来不太理解其中的含义，直到自己博士毕业做科研和带学生以来，逐步明白社会科学研究中问题意识的重要性。翻阅包括高等教育学专业在内的博士、硕士论文和一些期刊文章，很多缺乏问题意识甚至是不存在的伪问题，很多论文是流水账，说了半天不知所云，有些

论文论证了一些根本不存在或者无意义的教育现象。而如何发现和提出好的问题,还是要依赖于理论思维的培养和理论素养的提高,因为研究的问题不同于日常生活中的问题,它具有一定的普遍性和价值性,需要运用理论的力量把它交代清楚。

在指导博士生的过程中,我特别注意引导学生从理论视角分析和认识问题,而非关注一时的问题与现象。例如大学组织既不同于企业组织,也不同于政府组织,它是以知识生产、传播、应用为中心的组织,这种组织有其独特性,即大学组织的非营利性、组织制度的趋同性、产品的连带性、组织管理的复杂性和多样性、技术的非进步性与成本最大化、输入与输出的异质性、组织权力的二元性等。同时,大学组织是不断发展变革的,从古典大学到现代大学,大学已不再是一个统一的、一致的、高度同质化的学术组织,大学的地位与作用、教师群体、学生群体、管理群体、知识生产模式、治理方式等发生着深刻变革,现代大学出现了与古典大学不同的组织形态。研究一个具体问题,既要有历史的纵深,也要有跨领域的广度,在充分的知识积累与理论思考后方能有实质性的进展。

因此,从理论视角发现问题和分析问题,会使学生认识问题更加深刻,这是"学"的部分;通过适当的指导帮助同学们聚焦研究问题,并使用各种分析工具开展研究,这便是"术"的部分。在我的研究生中,有同学选做治理研究,这是个宏大问题,我帮助他聚焦到一个小问题,指导他研究高校内部的二级学院治理,最终确定主题为"美国研究型大学的学院治理结构"。有同学致力于研究高校治理的特征,我帮助其选做"大学科层制的转型与再造——从官僚科层制到专业科层制",比较分析政府科层制与大学科层制的不同,探讨大学科层制的特征。这些都是很好的问题,并且能够从理论角度发现和提出问题并加以分析研究。

## 四、尊重学生研究兴趣,鼓励他们"开门造车"

伯顿·克拉克提出:"宽阔的论述必须是多学科的,就像所有灯光都照射在舞台上,人们的目光在整个舞台前后漫游。但学科的观点是非用不可的,因为我们正是在专家所发展的研究方法和思想的力量中找到利刃。高等教育的研究也是这样。"因此,高等教育学的研究是多学科视野的,高等教育学专业博士生的培养也应是多学科视野的。每一个学生都有自己的独特优势和长处,而博士生培养更应该"因材施教"。导师要善于发现博士生的"闪光点",挖掘和开发他们自身的学术潜力，并且帮助他们寻找并确立自己的研究兴趣，走上学术研究的正轨。

中国人民大学是以人文社会科学见长的高校，管理学、经济学、社会学、法学等学科实力强大。我一直鼓励博士生去选修和旁听有关课程，拓展他们的理论视野，激发他们的学术兴趣，启发他们的理论思维，在多学科的理论视野中认识高等教育问题。例如在学习“高等教育组织与管理”课程时，鼓励他们先去学习公共管理学、组织社会学、组织行为学等课程。中国人民大学有这方面的优势，各个学科都有杰出的专家学者，通过选修和旁听课程，他们对于高等教育组织与管理的问题有了更为深入的理论认识。当然，旁听和学习其他专业课程，并不一定是博士生课程，而应根据自身需要和博士生的学科知识背景，指导他们有计划、有目标地旁听一些硕士生课程，甚至本科生课程。此外，中国人民大学教育学院在高等教育学、教育经济与管理、教育法学等研究领域有着一支年龄结构合理、研究特色突出、科研专长明显的教学科研团队，我提出博士生要善于向各位导师学习，向不同研究方向的教师请教。此外，我本人也努力将科研成果转化为课程资源，以科研促教学，在教学过程中潜移默化地引导学生学习最新研究成果，在促进教学内容和人才培养体系完善的同时，也促进了自身教学研究水平的提高，从而实现教学相长。此外，我一直鼓励博士生参加中外高水平大学的合作培养项目，要求他们一定要出国看看，要博采众长，广泛吸收东西方文化，广泛学习不同学者的思想，要将自己的研究视野放眼到全球去，要“开门造车”。

伯顿·克拉克在回顾自己的学术生涯时，认为自己得益于抓住了一种专业感觉，并由此发展起一种内在冲动，在从组织社会学、教育社会学、高等教育到最后国家系统的跨学科比较的学术研究历程中，自己的内在冲动不断加强和深化，“专业感觉”与“逐步专门化”相互促进、彼此融合。前辈学者的经验对我们的导师和博士研究生都有非常好的指导意义，最初的专业感觉就是源于问题意识，而理论思维亦是在认真思考中得来的，是在阅读、思考和交流中诞生的。学术来不得半点虚假，一分收获十分耕耘，即使问题不对头，耕耘很久却没有收获，但是努力一定会有回报，或许就在未来的某一天。

（本文原载于《中国高教研究》2020年第5期）

# 贵在研究高等教育的“真问题”

周　川

**周川**，苏州大学教育科学研究院院长、教授、博士生导师。已培养博士生42位。

博士学位论文是博士生学业成就的综合大考，也是检验博士培养质量的核心指标。我国高等教育学专业的博士学位论文已有整整30年的积累，2019年年底从“中国知网”上可以查到的高等教育学博士论文约有2 600篇。在这数以千计的博士论文中，虽然每年都不乏钻坚研微、文理俱惬的佳作，但优秀论文的比例显然还没有预期的那样高。特别是近年来随着高等教育学博士招生规模的扩大，每年产出的比较平庸的博士论文也为数不少。除去博士生本人的努力程度不够外，这些平庸论文有一个相同的短板，即选题的质量不高。论文选题质量不高，既是论文平庸的一个原因，本身也是平庸的一个判据。

## 一

学术研究以问题为起点。这个起点，既是研究过程的起点，也是研究品质的基点。研究有何意义，问题能否解决，创新出在何处，结果是否漂亮，都与这个起点有关。问题从起点上制约了研究的整个过程，对研究的品质起着定位和奠基的作用。良好的开端意味着成功的一半，这句话对学术研究而言是“放之四海而皆准”的。

学术的发展过程，其实就是问题不断被提出、被求解的过程。从提出问题，到解出问题的答案，学术因此而发展；一个问题解决了，新的问题接踵而至，学术于是不断地发展进步。学术的发展水平和繁荣程度，不但可以由学术成果来标志，也可以由问题来标志，问题越多、越有意义，学术就越发达、越繁荣。从这个角度看，高等教育学无论作为一个“学科”还是作为一个“研究领域”，或许真的不是很重要，重要的是高等教育的“问题”能否从学术的角度不断地被提出来。只要高等教育的“问题”能够不断被提出来，只要能够以学术的方式来探究这些问题的解答，那么，高等教育学无论作为一个“研究领域”还是作为一个“学科”，都是可以成立的，两者在“问题”的层面上可以达成统一。“我思故我在”,问题在,“研究领域”就在,“学科”也在;问题不在,“研究领域”和“学科”都不在。这个道理应该也适用于学者个人。

二

只有“真问题”才真正是研究的起点。问题的本质是矛盾,是我们所要研究的那个对象本身所包含的内在矛盾。高等教育作为体系庞大、过程复杂、事关重大的一种社会活动,它的内在矛盾是不断“发生的”,而且是普遍性的,涉及高等教育活动的所有层面和所有环节。其中,既有系统性的矛盾也有偶发性的矛盾,既有全局性的矛盾也有局部性的矛盾,既有直观性的矛盾也有深层性的矛盾。但是,高等教育活动中无所不在的各种矛盾,学术研究的价值和意义是不同的。那些偶发的、个别性的、高度情境依赖的、具体事务上的矛盾,一般是可以通过高等教育工作者凭借自己的经验,或者运用简单的技术处理来解决的,因而也就没有必要以学术的方式来研究。唯有高等教育活动中那些系统性的、反复出现的、本身带有一定普遍性和规律性的矛盾,才需要进入高等教育学的学术视野,才具有确立为问题并进行学术研究的意义。由此,我们似乎可以将高等教育学研究的“问题”粗略地做一个“真”与“假”的区分。高等教育的“真问题”,应该是具有学术意义、具有研究价值的高等教育问题,它是高等教育活动中某一系统性、普遍性矛盾的反映。这个矛盾可以来自高等教育的实践,也可以来自高等教育的理论和观念,或者来自实践与理论之间。无论这个矛盾从何而来,它在现象上都表现为高等教育活动中的某种困难、偏差、失误、反常、悖谬。这个矛盾越是带有系统性、普遍性、规律性、本质性,那么反映这个矛盾的问题就越“真”,它的研究价值和学术意义就越大,创新性也越高。此外,高等教育的“真问题”也应该是具有一定难度的问题,不能仅凭个人的经验和直觉来回答,而是需要通过学术的方式、运用科学的方法才能作出某种解答。“一定难度”的限度就在于,问题应该是能够被明确定义,是在人们现有的认识能力和学术手段中得到充分而合理运用的前提下可以利用有限证据加以证明并进而找到答案的。与“真问题”相对应的,可以称之为“假问题”,它是未能反映出对象矛盾的问题,因而是没有问题的问题,是貌似有问题而实质不是问题的问题。“假问题”也是难易失度的问题,或失之于过易,它基本无需通过学术的方式就能凭经验和简单的推理来回答;或失之于过难,超出了人们现有的认识能力和技术水平。

说问题是研究的起点，实际就是说只有“真问题”才真正是研究的起点，才真正能引导有意义、有品质的学术研究。尤其是那些意义重大的“真问题”，不仅能够引领研究者本人的研究，也能引领学科的探索方向。在高等教育学领域，有一些常提常新的著名问题，一直激励着众多学者的研究热情。比如“赫斯伯格矛盾”的问题：“大学是人类有史以来最能促进社会变革的机构”。为什么它自身却又是“所有社会机构中最保守的机构”？弗莱克斯纳针对“社会服务职能”提出的问题：大学如何才能辨别社会的“波浪”和“涟漪”，从而“不断满足社会的需求而不是它的欲望”？潘懋元针对普通教育学提出的问题：高等教育有没有不同于普通教育的特殊规律？如果有，那么高等教育学所研究的特殊规律是如何形成的呢？这些著名的高等教育理论问题，不仅是提出者自己的研究起点，也是高等教育学理论前沿的路标，它们激发了众多学者的研究热情，也考验着他们的学术智慧和勇气。

30 年来在我国 2 600 多篇高等教育学的博士学位论文之中，凡是比较优秀的论文，一定是提出了关于高等教育的“真问题”，并且以学术的方式对问题作出了某种解答的论文；凡是比较平庸、蹩脚的论文，除去粗制滥造等因素外，一定是没有找到“真问题”而只能就着“假问题”空发议论的论文。“假问题”的表达形式多种多样，最常见的就是那些“空心问题”，也就是没有真问题的选题，貌似提出了一个问题，其实它只是浮在高等教育活动的表面，并没有触及隐藏在表象后面的内在矛盾。还有那些“随风而飘”的跟风式选题、口号式选题，更是“假”不忍睹。还有一些纯粹“为方法而方法”的选题，也很难排除涉“假”之嫌。虽说有了“真问题”也未必就一定能做出好论文，因为“良好的开端”毕竟只是“成功的一半”，但是，对着“假问题”必定做不出好论文，这一点是可以肯定的。那些比较平庸、蹩脚的博士论文，在不少情况下真不能简单地归咎于博士生本人不努力，而实在是由于选题没有选好。真矛盾没有被发现，“真问题”没有确立，就等于输在了起跑线上，任凭你如何努力，做无用功也就不可避免了。

## 三

研究者的学术立场和学术勇气是提出“真问题”的关键。高等教育中的矛盾是客观存在的，不以研究者的个人意志为转移，研究者能不能发现矛盾并将其确立为研究问题，在很大程度上取决于研究者个人的学术素养，诸如知识的深广、思维的敏锐、想象的丰富,还有经验和阅历等,而其中最重要的应该是研究者的学术立场和学术勇气。学术立场是学者看待研究对象的站位、角度和方式,其实质是批判性思维和批判精神。高等教育活动中的矛盾,有些可能比较直观,易于发现,有些则比较隐蔽,甚至还被种种假象掩盖着,不易察觉。在其他条件相当的情况下,只有坚守学术立场、具备批判思维能力和批判精神的研究者,才更有可能透过表象看本质,不被假象所迷惑,不随风转舵,不唯书唯上,才更有可能独具学术的慧眼,"于不疑处有疑",从而发现别人不易发现的矛盾。是否坚持学术立场,是否具备批判思维和精神,是研究者能否发现研究对象矛盾的关键。而在发现矛盾之后,敢不敢正视它、揭示它,并将它确认、确立为一个研究问题,则还需要学术的真诚和勇气。研究者只有具备了这种学术的立场和勇气,才有可能对高等教育活动中各种各样的矛盾保持高度的警觉和敏感,才有可能发现真矛盾、提出真问题。

从发现矛盾到提出问题,再到确定为选题,是一个确认矛盾、确立问题、论证选题的学术思维过程。这个过程的主要任务是,厘清矛盾的各种要素及其关系,对矛盾进行确认并给出定义,将这个矛盾表述为一个确定的问题,并且对问题进行论证以确证它是一个有意义的、值得研究并且可以研究的选题。其中对"研究意义"的论证是很重要的一环,它的作用在于明确问题的性质与研究价值,预判问题解决之后可能产生的理论及实践的效应。在问题确定之后,"研究意义"的论证是否充分,对于"问题"能否起到"良好开端"的作用,无疑是非常重要的。比较遗憾的是,眼下在为数不少的高等教育学博士论文中,"研究意义"的论证却是一个很常见的薄弱环节。对于没有提出"真问题"的论文来说,"问题"本身缺失,"研究意义"本来就无从谈起,这不足为怪。令人不解的是,有不少论文应该说是提出了很好的"真问题",居然也对"研究意义"的论证掉以轻心、敷衍了事,流于对"理论意义"和"实践意义"的泛泛而谈、夸夸其谈,显得空洞无物,点不到"意义"直接对标的那个特定"理论"及"实践"之点,不能给"意义"精准定位。"研究意义"的语焉不详,无论是态度的原因还是水平的原因,在客观上都足以表示:研究者在学术理路上对矛盾还没有明确到应有的程度,对问题还没有清晰到应有的程度。尽管它可能是一个"真问题",但这个"真问题"并没有在研究者的头脑中充分得以明确,因而也就没有在研究起点上真正确立起来。"研究意义"一节的薄弱,很可能成为影响后续研究质量和论文质量的一个隐患。

## 四

重视高等教育的“宏大主题”研究。在我国高等教育学领域，当前对高等教育“宏大主题”的研究似乎存有一种偏见，往往倾向于将“宏大主题”贴上空发议论、空疏无用的标签。平心而论，对“宏大主题”空发议论的偏颇确实是存在的，而且也并不少见，近年来很多学者倡导对高等教育微观问题的实证研究，可以看作是对这种偏颇的一种否定和纠正。但是，需要区别的是，对“宏大主题”空发议论是一回事，以学术的方式对“宏大主题”进行研究则是另外一回事，切不可简单地将二者混淆起来，更不可在“宏大主题”的学术研究与空发议论之间画等号。“宏大主题”的研究有可能失之于空发议论，但也完全有可能做得很学术很科学；微观问题的研究可以很科学很实证，但也完全有可能落入空发议论、不切实际的窠臼。问题的关键不在于是微观问题还是“宏大主题”，而在于以什么样的立场、态度和方式、方法进行研究。

高等教育的“宏大主题”是缘于高等教育重大的系统性矛盾所形成的问题，大多事关高等教育的本质和定义，事关高等教育的基本价值和意义，事关高等教育的大是大非，事关高等教育的系统和全局。所谓主题“宏大”，就体现在它的研究意义重大：有助于界定高等教育的本质及其定义，明辨高等教育的基本价值和意义，厘清高等教育的是非、正误和成败得失，有助于高等教育工作者树立正确的高等教育价值观和是非观。当前，无论是在我国还是在全球，高等教育都处于一个重大的转折期，都普遍面临着各种重大的挑战，各种各样的重大矛盾都或隐或显地正在发生着并影响着高等教育发展的方向和进程。这些重大矛盾实实在在都是高等教育的重大“真问题”，都是具有重要研究意义的“宏大主题”。当下值得我们忧虑的，显然不是高等教育“宏大主题”的研究太多，而恰恰是研究太少，是对“宏大主题”研究的各种偏见和遮蔽。

从方法层面上看，也正因为主题宏大，高等教育“宏大主题”的研究相对来说确实比较难以把握，难度更大，故而对研究者学术素养和学术能力的要求就会更高，对研究者的学术勇气也是更大的考验，但这不能成为高等教育学对“宏大主题”研究知难而退、集体失语的理由。只要高等教育活动中那些系统性的重大矛盾存在着，就应该有更多的研究者以更大的学术热情和勇气，将“宏大主题”的研究当作自己责无旁贷的学术责任和使命。即便是专长于高等教育微观问题的研究者,也不能完全无视高等教育的“宏大主题”。因为在我国特定的高等教育场域下,高等教育的大多数微观问题并不是纯粹“微观”的,实际上都直接或间接地与“宏大主题”有某种相关,有某种因果性的联系,更何况高等教育微观问题在研究意义上非但不是“微小主题”,反而有不少堪属“宏大主题”!对于高等教育的“宏大主题”,只要研究者坚守学术的立场和勇气,遵循学术的基本原则和方式,只要研究者勤于思考善于思考,“上穷碧落下黄泉”,能够给出“宏大主题”的具体定义乃至操作性定义,那么,“宏大主题”的研究就不但可以找到合适的技术路径和研究方法,而且也完全有可能做得很实、很细,做得很科学、很实证。高等教育“宏大主题”的研究,大题实做,大题细做,大含细入,不仅完全可能,而且也是必需。

博士学位论文往往被看作学术新人未来学术生涯的起点,但也有可能是一位学者整个学术生涯为数不多的一个高峰,甚至是巅峰。身处斯时斯地的我国高等教育学博士生,理应取法乎上,提升学术研究的问题意识,牢牢把握高等教育的“真问题”,尤其不要轻视高等教育的“宏大主题”,努力通过博士学位论文的研究和写作尽快使自己跃上学术的制高点。

(本文原载于《中国高教研究》2020年第5期)

# 第二编

# 追求学术创新

# 第二编

## [illegible]大的[illegible]

# 如何培养高水平博士

别敦荣

**别敦荣**，厦门大学教育研究院院长、教授、博士生导师。已培养博士生80位。

博士教育规模较小，有利于开展个性化教育，而且从根本上讲，不进行个性化教育不可能培养出高水平的博士，难以实现博士培养目标。与本科生、硕士生和导师的关系相比较，博士生与导师的关系最紧密，这不仅表现在他们与导师之间的交往和交往方式上，更表现在他们的学业上。就博士生的学业基础和教育目的来讲，他们与导师在学术上的距离最近，他们甚至可能是导师学术上的伙伴，最有可能继承导师的学术事业，即便发展了与导师不同的学术方向，导师给予他们的学术训练和熏陶对他们的职业发展和个人生活也具有终身的重要影响。

博士教育本来是为了学术事业后继有人而开展的培养青年学者的教育。随着经济社会的发展，尤其是高新科技产业的发展，社会人才市场对博士教育的需求与日俱增，除了各种科研院所外，很多企业和政府部门从业人员的教育水平不断提高，他们也对博士教育提出了要求[1]。所以，博士教育目的的多样化成为现代高等教育发展的重要趋势，尤其是在高等教育普及化进程中，博士教育成为很多本科生的理想追求。这样一来，博士教育的属性和价值追求就变得越来越复杂，博士教育的价值冲突也越来越凸显，且直接影响博士教育的发展。其中，学术性与工具性的矛盾尤为显著，主要表现为受功利目的影响，博士教育的学术性呈弱化之势，博士培养的学术水平和质量有降低之虞。实际上，不论出于什么目的，不论博士生毕业后从事什么职业，博士教育都应当高度重视加强博士生学术功底的培养，使他们具有高深的学科理论修养和专业精神品格。因此，博士教育应当处理好学术性与工具性的关系，并要加强学术性，避免工具性的消极影响，提高博士培养质量。

## 一、打牢博士终身发展的学术基础

博士教育不是一般素质的养成教育，也不是现成技术的熟练操作教育，而应当是相关学科专业方向的创新教育,以使博士生形成对学科的忠诚态度,打下坚实的学科基础,具备求实创新的科学素养和专业精神,树立终身从事学术事业和专业工作的职业理想。

着眼于博士生的终身发展需要,博士教育必须重视筑牢博士生的学术功底。我国博士教育招生制度的弊端很大,主要凭一次笔试就能获得通往博士教育的机会,尽管有材料审核和面试环节,但因为笔试是第一道门槛,做不好几个小时笔试的临场发挥,即便功底和基础再好也只能望洋兴叹。这就决定了博士教育也具有应试的影子。博士生入学后本应该沉下心来,专心致志地弥补学术功底不足,潜心专业学习,但学校的一些政策又使得很多博士生甚至一些导师也心浮气躁。很多高校博士生评奖评优标准有一些所谓的硬指标,比如,在最优刊物或影响因子高的期刊上发表论文的数量等。虽然这样的评价标准不能说毫无道理,但它的消极影响也是明显的。一些博士生在学期间一味地追求发表更多论文,认为这样不仅有利于获奖评优,而且还有利于提高就业竞争力。甚至很多导师也这么认为,并鼓励博士生如此行事。这种倾向太过功利,是短视的。从博士生的成长与发展角度来看,博士教育的主要任务不是在在读期间出研究成果,而是打牢学术基础,为自己终身的学术发展做好扎实的准备。

众所周知,我国高等教育已经建立起结构严密的体系,从本专科教育到硕士教育再到博士教育,一步一个台阶,博士教育是高等教育的最高层次,是国民教育体系塔尖上的皇冠。到了攻读博士学位的时候,学生有了本科教育和硕士教育作为基础,博士生阶段就是该出成果的时候了。这三个层次的教育固然有着层层递进的关系,但三者之间的使命却各不相同。

在精英化阶段,高等教育体系还不发达,三个层次的教育虽然已经建立起来,但整个高等教育还是以本科教育为主体,本科毕业生是社会相关行业的精英从业人员,即便在高教界这个从业人员受教育水平历来最高的部门,教师的学历水平主要还是本科。到了大众化阶段,高等教育的整体规模不断扩大,社会中接受了高等教育的人群不断扩大,尽管研究生教育逐渐受到重视,但博士教育仍然维持着极小的规模,且博士毕业生主要集中在社会少数几个行业部门,所以,本科学历的人群还是最主要的,本科教育仍然是大多数人的终结性教育。到了大众化后期和普及化阶段,新增就业劳动人口多数都拥有了高等教育学历,社会各行各业就业人口的学历水平显著提高,高等教育层次结构不断完善,研究生教育得到更大的发展。社会各行各业的高级专门人才需求越来越多层次化，除本科层次外，对硕士和博士层次人才的需求不断增长[2]。这样一来，对很多从业人员来讲，本科教育的终结性真的终结了，它作为人的基础素质教育的属性越来越强。本科毕业后，人们还需要不断地“回炉”，接受继续教育或更高层次的教育。尽管本科教育的专业性仍然鲜明，但同时其基础性日益显著，专业性使本科教育能够即时满足社会各行各业对高级专门人才的需求，基础性则使本科教育成为更多的继续教育和研究生教育的前置性教育[3]。

对于博士教育来讲，它的基础包括了本科教育和硕士教育。高等教育学是一个比较特殊的学科，它是从硕士研究生教育开始的，各高校并没有开设本科层次的高等教育学专业。因此，高等教育学博士生生源的本科教育背景是各不相同的，有来自人文学科的，有来自社会科学的，有来自理科的，还有来自工科的，等等。这样看来，本科教育对高等教育学博士的意义并不是在学科专业方面，很多高等教育学博士生入学时在高等教育学科方面基本上是零基础，也就是说，他们的硕士教育也不是高等教育学，而是其他学科领域的。这是高等教育学博士生生源的最大特点，这一点使高等教育学博士教育与其他学科博士教育有很大差别。其实，对博士教育而言，本科教育的基础性在所有学科都有体现，只是在高等教育学科更加突出罢了。

对高等教育学博士而言，本科教育主要为他们打下了核心素养基础，包括一般的知识基础、观察和分析事物的态度与方法、思维的敏感性以及发现和提出问题的能力、视野的开阔与否，等等。如果高等教育学博士生所研究的方向与本科专业有关，如本科毕业于工科的研究工程教育、本科毕业于农科的研究农科教育，等等，那么，本科教育的专业素养对他们的研究是有帮助的；如果他们的研究方向与本科专业没有直接关联，那么，本科专业教育对博士培养的直接作用可能是比较微弱的。

总体而言，高等教育学博士教育往往要从打基础开始。这个基础是高等教育学科的基本理论。众所周知，高等教育学是一门新兴学科，在我国只有 40 多年的发展历史，在高等教育研究比较发达的美国也只有 60 多年的历史，在其他国家历史都很短。尽管如此，高等教育学的学科理论并不缺乏，就我国而言，每年发表的高等教育学论文数以万计，出版的相关专著数以千计。广泛涉猎国内外高等教育研究成果，深入学习和掌握各种理论流派和基础知识，厚积薄发，未来才有更好的发展前景。但有的博士生却为功利所累，为了多发文章，追逐一些热点问题，没有经过深思熟虑和充分研究就急着写文章,以为热点文章比较容易发表。事实上,有时候也确实如此,这又进一步强化了他们的认知,这无疑是急功近利的,看上去涉猎较广,容易出成果,实际上都是浅尝辄止,缺少深厚的学术底蕴。念博士不只是为了求学问,更是为了做学问。到了博士阶段如果还没有一点学术自觉,缺乏学术理想和信念,这样的博士除了能得到一些职业或名利上的回报,不可能体会到学问的甘甜,不可能有做学问的幸福感。因此,高等教育学博士生应潜心学问,以学术为志业,建立起坚定的学科信仰,终身从事高等教育学术研究,为繁荣高等教育学科做出自己力所能及的贡献。所以,我对博士生的要求是:不争一时一事,着眼长远发展,打好学术基础,为一生的学术发展做好充分的储备。

高等教育学博士生应该具备什么样的学术基础?怎样才算打好了基础?这两个问题都有多种答案,不同导师的看法可能有差别,不同学生的看法也会各不相同。我对博士生的要求在大的方面是相同的,但具体到每一个人,要求又各不相同。一般的要求主要表现在三个方面。第一,学术理论基础。博士生必须有扎实的学科理论功底,包括高等教育学科理论;历史学,主要是社会和文化史、教育史;哲学,主要是观察、理解事物的科学态度与方法。另外,还会要求他们根据自己的学术兴趣,在经济学、政治学、社会学、管理学等学科中选取一门,尽可能完整地修完一门课,或阅读若干本有代表性的专著。第二,逻辑基础。博士生必须会思考,善于抽象思维,会给概念下定义并进行解释,会推理会演绎,等等。我要求所有博士生都要买一本《形式逻辑》,作为案头书,不时参阅。第三,写作基础。博士生必须会写能写,在我看来,写不好文章的人是不能念博士的,也不可能念好,即便侥幸毕业了,也很难在学术上有好的发展。博士生若能从这三个方面努力,其学术功底就比较有保障,就能为自己终身的学术发展奠定厚实的基础,学术之路才能走得更远更好。

在本科和硕士阶段能否打好这些功底呢?我的观察结论是:有的可以做点准备,加强一些,但大多都需要在博士阶段从头开始,包括写作。很多博士生都有这样的感觉:念博士之前,对写文章不犯怵,有的人还写过多篇文章,但念博士以后,反倒不敢写文章了。一是怕文章达不到博士生的水准,拿不出手;二是还真不知道如何写好文章了。其实是念博士以后,他们自己对文章的要求更高了。这个高要求就是更严谨的学术文章写作规范,在以往的写作中,往往没有那么重视学术规范。念博士以后,就会用更严谨更规范的标准来要求自己,包括概念的运用、问题的解释、写作逻辑的设计和遣词造句等，都要体现出严谨的学术修养。为让博士生打好写作基础，我要求他们从入学开始多练笔，勤动笔，不断地写，不一定追求发表多少篇文章，以训练专业思维能力、学术表达能力、布局谋篇能力和文字驾驭能力为目的。有时候，我会根据博士生的特点与他们合作写文章，在他们动笔写作的时候，我也会开始构思和写作。即便最终成稿的文章每一个文字都是我写的，我也会要求他们对自己写作的文稿不厌其烦地修改，让他们将自己写的与我所写的进行对照，体会如何写学术论文，包括主题该怎么提炼、问题该怎么描述、思想该怎么表达、逻辑该怎么展开以及语言该怎么组织，等等。我相信这样的训练他们会牢记终身，也会受益终身。

## 二、帮助博士撑起一片自己的学术天地

与其他层次的教育一样，博士生在读期间会有导师和其他教师为他们提供教育和支持。尽管现在很多高校在本科阶段实行导师制，但此导师非彼导师，差别很大。即便是硕士生导师，在很多人眼里，与博士生导师的区别也是明显的。毋庸讳言，在博士教育中，导师发挥的作用是主要的，博士生主要在导师的指导下开展学习研究、谋求发展。导师的指导对博士生的发展具有特别重要的作用。导师如何指导博士生，既是导师教育能力的反映，又是其教育境界的彰显。导师的指导是基于其自身学术任务完成的需要还是博士生的学术发展需要，是基于博士生短期发展需要还是其长期发展需要，是基于导师个人学科方向的发展需要还是博士生开拓属于他们自己的学术方向的需要，会在博士生身上产生截然不同的教育效果。

有的导师在培养博士生的时候，不仅把博士生作为自己研究团队成员，还把他们看作是自己所承担项目的研究人员，通俗地讲，就是劳动力，培养工作围绕自己所承担的项目进行。博士生根据导师分配的项目研究任务，把自己分担的研究工作完成，在此基础上写出学位论文，通过答辩即可毕业，获得博士学位。以这种方式培养博士生的导师常常被博士生们称作“老板”，很多导师也心安理得地接受这一称谓。我把这种培养方式称作“捆绑式”培养模式，即把博士生捆绑到研究项目上进行培养[4]。它的好处是导师和博士生各得其所，导师的项目有人做了，博士生的培养项目化，在完成导师项目研究的同时自己的学业也完成了。还有的导师根据自己的研究方向，在博士生入学后即为其划定一个方向，要求他们在这个方向进行学习和研究，全部学习活动都在这个方向，心无旁骛，不论是发表学术论文还是

学位论文，都集中在这个方向。我把这种方式称为“挖井式”培养模式，即认定一个方向，就在这个方向深钻下去。这样做的好处是博士生的学习主攻方向明确，可以集中精力在一个方向钻研下去，学得比较深透。从实际效果来看，导师为博士生确定的研究方向大都是他们自己的学科方向，至于这个方向是否适合博士生，博士生是否感兴趣，博士生未来是否会在这个方向开拓，导师往往是不考虑的，他们也很难考虑到。

我个人不认同以上这两种培养方式，尽管他们都能帮助博士生完成学业，获得博士学位。获得学位只是博士教育成果的表现形式，它的内涵在于博士生所获得的教育和训练在其身上所发生的变化。博士教育的第一任务是培养学术人才。这不仅是博士教育最初的使命，也是博士教育发展到今天的首要目的。今天的博士教育规模扩大了，不仅分科而且分类，几乎所有学科都培养博士，在一些特定的专业领域，还培养专业博士。即便如此，从博士毕业生的就业情况来看，在高校从事教学和研究工作的比例最高[5]。这也表明对博士教育来讲，培养学术人才具有特殊的意义，博士与学术有着不解之缘。有些人对念博士的学术意义无感，只是看到它是最高层次的教育，便努力去追求。还有一些人出于找一个好工作的目的，通过念博士来增强就业竞争力。我对博士生的要求是，不论出于什么动机念博士，从入学第一天开始就要端正宗旨，培养自己的学科信念，树立学术理想，建立起对念博士的学术意义的认知。这里有三重内涵。一是学科信念。博士生要有对自己所在学科的执着，对学科价值的高度认同。二是学术精神。博士生要有科学求实的态度，对事物的发展变化有自己敏锐的判断力，以真善美为标准指导自己的行为。三是学术品格。博士生要有学者气质，秉持学者的良知立德立言。在我看来，念博士不应仅仅是为了职业生计，更应该是选择了一种人生态度和生活方式。博士与学术的距离最近，念了博士就意味着要从事学术工作。当然，现实中很多人念了博士也义无反顾地在其他行业就业，并不从事学术职业。即便如此，加强学术性对他们的职业迁移也并非毫无助益。

博士生毕业前后两重天。在学期间，有导师的指导和庇护，博士生的主要任务就是上课、研究和写作，工作和生活都比较单纯，需要考虑的事有限，接触的人也很有限，主要是老师和同学。毕业后，他们马上就会走上工作岗位，就要独立地处理各种事，独立地与各种人打交道，包括自己的同事、学生等。尤其是个人学术发展不再有人无条件地帮助做计划，不再有人时时善意地提醒和提出要求，一切都要靠自己去思考和作出决定。作为青年教师和新教师的双重身份,院系安排的任教科目可能与自己的博士研究方向并不一致,研究工作因为没有了导师的耳提面命而可能一筹莫展,自己没有实验室,组织不起研究团队,加入其他教授的研究团队不仅有人际关系问题,可能还有研究方向是否吻合的问题。这就需要博士生具有很强的多方面的学术适应能力。学术基础扎实,学术适应性强,博士生的个人学术发展就会比较顺利,否则,他们可能需要一个很长的调整和适应期[6]。

与其他学科不同,高等教育学科具有"独特性",主要表现在它的生存方式与其他学科有很大的不同。高校其他学科都是以学院或学系的组织建制出现,自下而上有本科、硕士或博士"一条龙"完整的教育体系,高等教育学很少以学院或学系为组织载体,往往以研究院(所)的组织形式出现,且只开展硕士和博士教育。就学科力量而言,全国开展高等教育学博士教育的单位,专任教师达 20 人以上的屈指可数,大多在 10~20 人之间。从各单位学者的工作方式来看,主要还是单兵作战,团队协作式非常少,团队主要是由导师及其博士、硕士等所组成的教育团队。从学校的要求来看,高等教育学科学位点除了要培养高等教育学博士、硕士外,还要研究本校教育教学和行政管理工作等,服务本校的建设与发展。因此,高等教育学博士培养必须高度重视学术专长和独立工作能力的培养和训练。

显然,"捆绑式"和"挖井式"的博士教育难以培养学术适应性很强的学者,更不适合培养高等教育学博士。这两种方式比较适合于为博士导师自己培养梯队人才,博士生毕业后更适合留在导师身边,继续与导师合作从事学术工作,做导师学术思想的传人。在博士教育已经比较发达的今天,有博士学位授予权的高校的学术力量一般都比较强,很多高校还作出了不直接选留本校毕业博士从教的规定。所以,博士培养单位的教育主要是为其他高校培养学术人才,博士教育应当培养博士生更宽广的学科基础和更强的自我发展能力,使他们毕业后能够尽快适应新的工作环境,开展新的学术工作,顺利地完成从学生到学者的身份过渡。

博士教育是一时的,博士的发展是一生的。博士的路要靠他们自己走,博士教育不能囿于导师自己的学科方向,更不能局限于导师个人的研究课题,要处理好导师的研究与博士生个人学术发展的关系,使他们在理论、方法、能力和素质等方面都得到更好的发展,为他们开拓自己的学术天地打好基础。为此,导师和博士都要有正确的认识。从导师来讲,不仅要有对学生高度负责的态度,还要有宽广的胸怀、前瞻性的视野和严谨治学的精神,以博士生现实和长远发展为主轴,与他们一道设计培养方案,使博士生既能受到科学、规范、严谨的学术教育与训练,又能培养比较宽广的学科基础、扎实的学术功底和优良的适应能力。这样,他们毕业后既可以在导师的研究生方向上继续开拓发展,又可以根据自身所处的环境开展新的学术工作,开辟属于自己的学术领地。也就是说,导师要允许他们开辟一片属于自己的学术天空。从博士来讲,首先,要立大志,要有献身学术的理想和抱负,对自己未来的学术发展之路进行畅想和理性设计;其次,要分析自身的学术基础,明确自己的学术志趣,同时关注导师的研究方向和研究工作,在个人学术志趣与导师研究方向之间找到自己的学术方向;最后,要积极参与导师的项目研究,主动接受导师的学术指导,与此同时,在自己的学术志趣方向打好基础,为毕业后独立开展自己的学术工作做好准备[7]。此外,院系所和学校也应从博士的长远学术发展出发,制定和完善博士教育教学制度,有效协调导师的指导与博士生学术发展的关系,为博士发展自己的学术方向营造宽松的环境。

## 三、建立一个相互关爱的学术共同体

毫无疑问,现在是一个充满竞争的时代,博士教育也不乏竞争,有时还出现一些不良的竞争以及由此引发的博士生之间,甚至导师之间的矛盾和冲突。博士教育课程少,加之规模总体偏小,博士生主要是在导师指导下开展自己的学习和研究工作,所以,师徒相授是博士教育的基本模式,也就是所谓的导师负责制。博士生学制一般 3~6 年,导师如果每年招收 1~2 位博士,历年积累下来,年均在学总人数一般都在 5~10 人,甚至更多,再加上硕士、博士后、访学生、访问学者等,导师的学生团队往往相当可观。这个团队的风气取决于成员之间的关系,而导师是团队的灵魂,对团队成员之间的关系有着重要影响,对团队风气形成起着关键作用。

作为一门学科,高等教育学既具有社会科学的属性,又具有人文学科的属性。作为社会科学,它是可以运用科学的方法和技术来开展研究工作的;作为人文学科,它需要对人和人性的深刻洞察和人文关怀。导师与博士之间因学术而相互关联,但师生关系却远远不止是学术上的交流与切磋,还有不可缺少的人性塑造和人格的培养。后者既需要师生一对一的互动与鞭策,也需要团队的浸润和陶冶[8]。

团队风气是一种重要的人际教育环境。团队风气不只在团队集体活动中发挥影响,而且还会影响团队成员个人的行为。除了与导师交流外,博士生交流较多的主要是导师团队成员。团队风气对博士教育的影响是深刻而持久的,主要表现在三个方面。第一,影响博士生的人际交往方式。导师团队的风气不是一天两天形成的,也不是一两个人形成的,博士生进入导师团队,就会与导师、其他成员建立多种多样的交往方式,而这些交往方式往往要符合团队交往的一些或明或暗的规则。如果有博士生不按规则行事,特立独行,很可能游离于团队边缘甚至之外。第二,影响博士生的为学为人态度。在团队活动中,成员可能被同化或抱从众心理,接受往届学兄学姐传承下来的为学为人态度,采取一致的方式看人看事、待人接物。第三,影响博士生选择自己的职业道路。在学期间博士生在团队中耳濡目染,常常会受到各种暗示或指导,成员之间的交流,包括相互提供的就业或职业信息都会有倾向性,所以,导师团队成员的就业和职业发展有很大的相似性。因此,建设优良的导师团队风气是博士教育不能忽视的重要工作。

博士生与导师之间是一种直线式的紧密关系,如果说本科生是学校招收的,硕士生可能是院系所招收的,而博士生则是导师招收的,博士生与导师的关系最直接。导师对博士生的学业和发展负有直接责任,博士生在学期间最大的依靠是导师,所以,博士生与导师之间的师徒关系更复杂更深刻,是一种更内化于师生心里的关系[9]。博士生与导师的交往是最频密的,如果一位博士生与导师的交往无几,而与其他教授的交往更多,他们的师生关系可能出了问题。导师除了要对博士生进行学业上的指导外,还是他人生的引路人。很多博士生的职业选择、就业去向和工作生活都与导师密不可分,得到了导师精心的关心和指导。

风气好的团队本身就是一种优质教育资源。博士教育既具有个体性,又具有群体性。从个体角度来讲,每一位博士生都是个案,我把与每一位博士生的关系都看作是人生一段特殊的缘分[10],我往往从个体的适切性来规划他们的发展。导师只有因材施教,根据博士生的实际情况进行适切的培养,才能帮助他完成学业,走好他们的人生发展之路;从群体角度来讲,每一位博士生都生活在团队中,是导师团队的一名成员,在团队关系中他不可能置身事外,不受到团队风气的影响。所以,导师应当重视团队建设,尊重学生,细心呵护、关爱学生,公平对待每一位学生,师生之间、同学之间亲密无间、互帮互助、教学相长,师生同气相求,求真与求善兼行,形成一个相互关爱的学术共同体。

## 参考文献

[1] 菲利普 · G.阿特巴赫,别敦荣,陈丽.美国博士教育的现状与问题[J].教育

研究,2004(6).

[2] 别敦荣,易梦春,李家新."十三五"时期研究生教育发展思路[J].中国高教研究,2016(1).

[3] 刘瑞贤.高校青年教师成长道路与特点[J].中国高教研究,2008(2).

[4] 别敦荣.论高等学校人才培养模式及其改革[J].中国大学教学,2011(11).

[5] 瞿振元.现代师生关系:学习共同体[N].中国青年报,2016-12-02.

[6] 周文辉,张爱秀,刘俊起,等.我国高校研究生与导师关系现状调查[J].学位与研究生教育,2010(9).

[7] 别敦荣.个性化研究生教育的认识与实践——个人经历的视角[J].学位与研究生教育,2020(6).

# 博士生“三个意识”的养成与博士学位论文创新

张红霞

**张红霞**，南京大学教育研究院学术委员会主任、教授、博士生导师。已培养博士生14位。

博士生教育质量是衡量一个国家高等教育发达程度和科技文化水平的重要标志。博士论文工作往往是个人学术生涯的起点，是未来学术发展的基础，也是养成良好学风的重要阶段。有研究者曾经对我国8所高校“高等教育学”博士点的282篇博士论文进行了分析，第一条结论就是选题的创新性是最需要重视的问题[1]。在今天博士生教育规模大幅度提高的背景下，怎样提高博士论文的创新性无疑是一个亟待解决的问题。基于笔者多年来的研究方法课程教学和科研经历，就导师如何为博士论文的创新性把关问题进行反思和总结，以资同行批评讨论、共同精进。鉴于社会科学研究论文的格式和质量标准与其研究范式存在一定联系，本研究仅就最常见的实证研究范式进行探讨。此外，影响博士生创新性的因素很多，本研究仅针对目前的焦点问题谈谈如何通过提高博士生的“三个意识”——研究意识、批判意识、模型意识来提高其博士论文的创新性。

## 一、如何定义博士论文的创新性

有研究者对我国一所著名高校的《博士学位论文评审意见书》等博士论文答辩材料进行分析后发现，论文评阅人对“论文的创新性”的理解和评价标准的把握可谓莫衷一是[2]，因此本研究必须对此概念开宗明义。

博士论文创新是指发现了前人没有发现的新规律，回答了前人尚未回答的理论问题，或解决了前人尚未解决的实际问题（前者一般适用于Ph. D研究，后者适用于Ed. D研究）。“规律”有普遍性和区域性、长久性和暂时性之分；实际问题有大小之分；研究结论的推广性也有强有弱，当然创新就有大小之分。然而，创新性大小的评判是一个复杂问题，难以形成客观标准，最终裁决权在于学术圈的同行评议制度。

创新还有类型之分,可以分为数据创新、方法创新、理论创新。数据创新是目前最常见的创新类型,例如在前人研究的基础上扩大样本、增加研究对象的类型、发现新史料。这项工作具有一定的难度,其创新性通常应该得到承认;难度越大,创新性越大。常见的难度较小的数据创新形式是,对前人、西方人的模型或理论,用中国数据进行补充或验证。其研究结果可以是长篇大论,"理论框架合理,结构严谨",但创新性不大。对于这一点不少学者难以认同,因为我们传统的"学问"标准强调的是"文字工整、结构清晰、资料翔实"。笔者估计此类论文占目前实证类博士论文的绝大多数,所谓"低水平重复"。对于解决实际问题的所谓"行动研究"而言,其表现形式是不加修订地、削足适履地照搬西方理论作为其行动的指导思想或"理论基础""理论框架"。其研究结论对于中国问题的解决常常是难以操作、隔靴搔痒,甚至南辕北辙。

方法创新指的是采取新的方法、设计或技术进行研究,他们对传统研究方法的信度或效度具有实质性的提升。例如皮格马利翁实验提出的"双盲"设计控制了实验敏感、前测效应等难题;派克(G.R.Pike)等采用结构方程模型统计技术,纠正了前人因使用相关分析和回归分析方法导致的对变量交互作用的忽视,进而夸大了学校类型对学生收获的影响[3]。此外,研究视角的创新也可以属于广义的方法创新,如超越传统意义上的历史研究方法,采取跨越民族和国家疆界的"大历史"的全球视野进行的跨学科研究[4]。还有一种方法创新是借用其他社会科学分支学科的方法或分析框架应用于自己的学科,如阿斯汀(A. Astin)提出的研究大学生学习经历的"I-E-O"模型,实际上是来自"系统论"思想[5]。然而,我们的博士论文或开题报告常常以一种"套话"来说明自己的创新之处:"前人对于×主题的研究主要采取思辨的方法或质性的方法,本研究将采取定量的方法。"实际上哪怕只有一篇正式发表的量化研究的论文,你都必须具体指出它的不足之处:是假设(概念框架)错了,还是测量工具有问题,还是分析过程有问题。而且你的方法设计要针对它的弱点、基于对它的研究发现的质疑之上。如上所述派克等的研究称得上量化研究在方法上创新的一个范例。而且,即便果真没有任何一篇量化研究的论文发表,你的研究也要具体指出前人质性研究的局限性和量化研究的可行性,因为这时需要格外小心考证:该研究问题和研究对象是否适合于定量研究方法?前人只用质性方法是否有它的道理?因为不是所有的教育研究问题都适合于量化研究方法。

理论创新是指发现了前人的理论解释不了的新现象,或者对老现象提出新的更好的解释。前者如马丁·特罗(M. Trow)基于对北美和欧洲高等教育发展与其经济社会发展的关系的考察,首次提出“高等教育大众化”理论;约翰·比格斯(J. Biggs)基于前人对亚洲学生学习行为的诸多研究发现首次提出“中国学习者悖论”概念。从普遍性上看,“高等教育大众化”理论大于“中国学习者悖论”,因此学术地位更高。而且,“高等教育大众化”理论是新发现,中国学习者悖论只是对前人研究发现提出新解释。后者的例子还有伯顿·克拉克(B.Clark)提出的“政府-大学-社会”的三角关系理论,前人对此三个要素的国别研究已经很多,但克拉克将世界各国各不相同的高等教育体制纳入统一的理论模型,加深了人们对高等教育体制本质的认识。

## 二、培养博士生的“研究意识”

从常识来看,到了博士阶段似乎应该对“研究”一词的含义了如指掌,但其实不然,尤其对于那些来自普通教育学和传统文科等专业的学生更是如此。

第一,要让学生明白,社会科学也是科学;教育研究是社会科学的一个研究领域,遵守共同的科学研究规范:“以事实为根据、可重复、可积累、可证伪”[6]。以事实为根据、可重复两条毋庸赘言。至于可积累和可证伪则需要特别加以重视。所谓可积累是指一项科学研究必须基于前人的研究,也必须能够为后人研究提供基础。

积累的机制是什么? 发表论文相互交流;同行评议互相监督。这个机制在论文工作中集中体现在文献综述环节,其目的是保证既不重复前人的劳动,又要找到可行的创新之点。实际上这也是选题成功与否的决定性环节,因为选题不是找一个前人研究过的题目重复验证一遍,也不是找一个前人没有研究过的暂时难以研究的题目。因此,文献综述就是要摸到牛顿所言的“巨人的肩膀”,然后你才能站上去,看得更远。要让学生认识到科学事业的积累性必然呼吁选题的前沿性;没有积累性也就无所谓前沿性。另外,不是任意一个前人没有研究过的问题,都是值得研究和可以研究的问题。例如博士生专业认同研究、博士生课堂参与研究,都不是值得研究的问题,因为他们背离了学界的基本研究积累:博士生不应该有专业认同问题,如果有也只能从招生制度上找原因;博士生是研究者,其主要活动是研究而不是课堂学习。正是为了避免这种伪命题的出现，导师往往要求学生在文献综述完成后能够形成一个与研究问题对应的概念框架或理论框架以划定研究的相关概念范围，对此，上文所述的派克等人的论文是很好的范例。

所谓可证伪是指科学研究结论总是以可反驳的命题形式呈现，并经得起对立派同行的反驳。不可反驳的命题形式例子有："素质教育就是要培养德智体美劳全面发展的人。"而它的可证伪的命题形式是："现阶段素质教育重点就是要发展学生的批判性思维（或体育锻炼能力）。"前者实际上是放之四海而皆准的哲学命题，后者是有时空条件边界的科学命题；前者是无须讨论的一种断言，后者是欢迎公开争论的一个科学假说。

第二，要确立"学术论文是干出来的，不是写出来的"信念。英文中，研究一词 research，不同于学习 learn，也不同于钻研 study。创新是 research 的本意、灵魂；没有创新就不是研究；没有创新的论文只是读书笔记或学习随笔——要么是前人的东西，要么是个人观点。博士生不要把时间浪费在所谓"谋篇布局、篇章结构、立意高远"上。导师要明确反对将功夫花在那些措辞优美、修辞生动但语义含糊的排比句上，应关注的是表达的准确性、论证的严谨性和结论的创新性。博士生应该有准确用词的意识，例如区分"综合与概括""概括与归纳""总结与结论""结果与讨论""结果与结论""讨论与结论""观点与推论""事实与观点""发现与发明"的差别。显然，这些问题涉及中西方不同的思维方式问题，因此导师要与学生一起讨论对科学研究产生误解的文化根源，如"述而不作，信而好古"。要向学生阐释读书报告、工作总结、文献综述和研究论文四类文体的差别。当然这些工作不是一蹴而就的，需结合研究过程和针对具体文本的师生交流和讨论才能真正奏效。

第三，要正确认识"理论"。常常有同学误解，"理论研究"与实证研究不同，可以闭门造车。在科学研究话语体系内，"理论"是基于系统化的实证研究提出的对现象的一种解释；理论不同于纯粹的个人观点或集体信念。正因为如此，理论是可以修订的、可以超越的。上文提到的"高等教育大众化"理论、"政府-大学-社会"理论、"中国学习者悖论"等都是在前人和自己大量的实证研究基础上提出的，它不同于哲学思辨（范式）论文中的观念和主张，如"素质教育就是要培养德智体美劳全面发展的人"，或价值探寻，如"教育究竟应该以学生为中心还是以社会需求为中心"。只有认识到这一点，学生才有创新理论的意识和勇气。

## 三、培养博士生的"批判意识"

在正确掌握了研究的概念和规范基础上，树立起研究意识后，批判意识往往是水到渠成、接踵而至的。关于批判意识有下列几个要点：

第一，不迷信权威。我们要指出并分析我国已经发表的论文存在的大量不科学、不规范的现象。这是我们后发国家的必经之路。因此，要让学生明白：鉴于教育学科的应用性特点，老前辈们积几十年的实践经验——这是一种隐性的实证研究成果——往往可以出口成章，甚至可以一语中的，但他们的研究结果呈现方式常常不规范，缺乏方法意识，对国际规范置之不理甚至不屑一顾。要告诫学生，老前辈们有时是靠声誉而不是科学事实来说话的，而年轻人没有这个资本，必须靠事实、方法、逻辑、规范立身。掌握科学方法的优势在于可以实现年轻出道，摆脱资历的羁绊，所以科学共同体的规则不分长幼尊卑，公平竞争。

第二，不迷信书本。书是人写的，一个人的能力和认知都是有局限性的，更何况近年出书太容易。因此，我建议学生以阅读重要期刊论文为主而不是专著。当然，阅读期刊也要带着批判性的态度，要挑刺、要质疑：重点审查其数据的可靠性、推理的严谨性、所得结论的普遍性，以及对前人研究的了解程度。阅读期刊而不是专著还有一个优势是，前者往往比后者的成果更新鲜、更代表学科前沿。

第三，不迷信西方理论。我们的学生对"理论"二字往往有一种神秘感和畏惧感，导师要打破这种幼稚的观念和不良心理。如前所述，"理论"无非是用简明扼要的语言将现象或客观规律清晰地表达出来，如果借用耳熟能详的生动的"隐喻"去表达，更有利于传播和交流。如上文提到的"高等教育大众化"理论"中国学习者悖论"，皮格马利翁实验证明了的"期望理论"，还有经济学的"短板理论"或"木桶理论"。要鼓励学生勇于基于自己的研究发现进行提炼、抽象，创造新理论。这就是运用国际规范的方法去研究中国现象、发展中国理论，也就是所谓争取中国社会科学的话语权。当然，这一步往往需要导师的共同讨论并参与其中。

批判意识在论文中的另一个重要表现，是往往被忽视的研究发现之后的"讨论"一章。这一章学生们往往感到困难，不知道写什么，不知道与前一章"研究结果"和后一章"研究结论"有什么差别。简单来讲，这是自我批判的一章，是对假想的、潜在的论敌可能提出的一切质疑包括数据的可靠性、推理的逻辑性、与前人发现的矛盾等进行的系统化的论证，由此也对研究的局限性进行了交代。显然这是最哲学、最思辨的一章,是概括、抽象出新理论的一章。

## 四、培养博士生的"模型意识"

20世纪后期的科学界已经从探求两因素的因果律的认知层次,上升到探求多因素相互作用的模型构建层次。具体到社会科学和教育实证研究领域,不妨暂且将学术界对一个主题或研究领域的认识程度分为四个层次:质性的、相关分析的、中介/调节模型的、全模型的。通常对于一个前人没有或极少做过的研究问题,往往先从质性研究或描述性研究开始。这是认识的初级阶段即第一层次。第二层次是经过质性的探索,学界已经有相当的积累,对相关概念或变量的认识已经达到可以操作化定义和测量的程度,这时可以进行初步的量化研究,常用的统计手段是两变量平均数差异检验、相关关系分析和回归分析。第三层次是对前人的变量关系进一步深化、细化,找到中介变量和调节变量,也叫"中介模型""调节模型"。第四层次是经过多代研究者的共同努力,对大多数的相关变量都分别进行了第二层次和第三层次的研究,而且不同研究者之间能够达成较为一致的认识,这时便有条件建立起包含所有重要自变量的多元回归模型或结构方程模型,这叫"全模型"(full model)或饱和模型(saturated model)——第四层次。

目前量化的博士论文大多处于第二层次,难以进入第三层次,原因是适合于中国问题的变量的认识水平还很有限,因此尚处于本土化的测量工具开发阶段。一些使用了结构方程模型方法的研究大多是急功近利的成果——要么是模型的解释率低,要么勉强通过显著性检验。对于这个问题必须要让博士生明白两点。第一,四个层次的发展需要整个学术界的长期的前赴后继的努力,正如派克获得的大学生学习参与全模型是西方世界经过了半个多世纪的积累,不是一个人、一代人的工作[6]。第二,四个研究层次代表的是学术圈的认知过程,并不代表学者个体的学术水平或研究水平。不同的认识层次对应于不同的研究问题,不同的研究问题适用不同层次的模型,不应片面追求高层次的统计方法。当然,模型不仅有上述的统计模型,还有质性研究等所对应的理论模型等,限于篇幅不做专门讨论。

近年来我们可喜地看到实证研究方法已经受到空前的重视,大量的学位论文采取量化的问卷调查方法,而且不少研究生积极进取、争先恐后地学习高级统计方法和相关软件。然而,目前不少统计模型是伪模型。这个问题比较复杂,先以一个通俗易懂的假想课题为例。假设我们要研究"室内气温的影响因素",可能因素有如下几条，按照回归系数从大到小排序是：空调的温度、室外的气温、开门的次数、窗户的多少。学术界已经对前三个因素有比较系统的认识，但窗户的多少没有太多人关心，而眼下节约能源是个大问题，所以要专门对窗户进行研究。这时，不能简单地将窗户的面积、材料、形状、安装高度与室内温度进行相关分析了，因为结果肯定仍然是影响很小，而是应该探讨面积、材料、形状、高度的散热效率。也就是说研究问题彻底变了。再举个高等教育学的例子，我们想要研究大学排名的影响因素。影响因素很多，其中包括学生的学习参与情况。但是根据"中国学习者悖论"来看，学习参与的回归系数一定很小。但如果我们认为学生参与是非常重要的问题，必须研究，这时就不能仅仅将参与概念细化，还将排名作为因变量，而是应该提出完全不同的研究问题，正如今天广泛应用的如上所述的 I-E-O 模型[5]所反映的内容。

对于处理定量研究的层次与研究问题的关系这一点，抓住研究设计环节是导师指导的关键。让学生明白不可任意找两个变量进行相关研究，也不可任意找个中介变量进行初级模型建构，而要做如上所述的系统化的文献综述，找出可行的创新点。当然，这里还涉及对概率统计学是否真正掌握的问题：回归系数或路径系数很低，即使有三个星号的显著性也是影响很小的因素。对此问题可以参见著名大学生学习研究专家乔治·库及其同事的一项大样本调查研究论文[7]。

最后，基于上述讨论，笔者建议必须从顶层设计上重视博士学位论文的科学性和创新性，规范评审标准。博士学位论文的质量核心在于创新，而不是文采、修辞、排比句。目前的论文查重制度实际上对促进创新毫无意义，有时却扰乱了正常的工作秩序。笔者曾经作为评审人了解到英国南安普顿大学教育学院博士论文评审表的内容，在此列作参考：(1) 通过原创性的实证研究或其他高深的学术探究方法，创造和阐明新知识，拓展学科前沿，并达到满足同行评审的质量和具有公开发表的价值；(2) 系统化地、全面地掌握和理解学科前沿理论或专业实践知识；(3) 具有将研究课题概念化的能力，具有进行研究设计和实施研究计划的能力，从而在学科前沿产生新的知识、新的应用或理解，并能够根据不可预见的情况调整研究设计；(4) 采用合适的研究方法并对其技术有详细的了解和把握。可以看出，我们的评审标准至少在评价创新性的可操作性上存在较大差距。

## 参 考 文 献

[1] 高瑞，安心.近十年高等教育学博士学位论文选题分析[J].教育导刊，2010(9).

［2］张红霞，吕林海.杜威教育哲学在全球化时代的发展［J］.教育发展研究，2013(17).

［3］张红霞.教育科学研究方法［M］.北京：教育科学出版社，2009：22-24.

（本文原载于《中国高教研究》2020年第5期）

# 如何培养高等教育学博士生的学术思维

杨 颉

**杨颉**，上海交通大学安泰经济与管理学院党委书记、研究员、博士生导师。已培养博士生2位。

中国的高等教育普及是一个世界级奇迹，高等教育学科发展也可以说是一个世界奇迹。我国有大批受过高等教育学专业培养的博士正活跃在高教领域的重要岗位上，成为直接推动我国高等教育发展的决策者、研究者和执行者。因此，高等教育学博士生培养质量将直接影响未来我国高等教育发展水平和发展质量。提高和保障博士生培养质量是高等教育研究，特别是研究生教育研究中的一个重要课题。决定博士生培养质量的核心因素是学术能力。帮助博士生提升学术能力也就成为每个导师的日常功课。学术能力包括掌握相关领域知识、做出学术贡献以及利用学术知识解决实际问题等，因此，阅读大量文献，参与课题，撰写论文成为不可或缺的培养环节。这些标准程序在各学科精心设计和老师的教学实施下转化为人才培养的效果，导师职责就是为博士生走上学术道路提供必要的学术支持。

## 一、从专业认知到专业自觉

高等教育学是一门高交叉性的学科，博士生源非常多元化，跨专业报考的学生不在少数，虽然丰富了生源的多样性，但也出现了学生对高等教育学的专业属性缺乏足够理解的问题，即便是教育学或高等教育学出身的学生，也存在同样问题。我通常问博士生的第一个问题是："你是否知道高等教育学博士毕业后能做什么？你毕业后想做什么？"得到的回答往往是："想当高校老师。"这说明有部分学生认为高等教育学是培养高校教师，或是培养教育学专业的师范教育，这种理解显然是不正确的。树立专业意识对保障博士生培养质量非常重要。博士生培养过程除了导师的指导外，高度依赖于学生的自主学习和独立研究，可以说博士生的主动性是保障他们获得更高学术能力的前提。如果对自己所学专业属性认识不清，就无法理解学习目标，无法领会学习价值，如何开展主动学习？怎么可能有高质量的培养呢？因此专业认同也是学术思维的重要组成部分。

让学生理解学科内涵不能空洞无物，高等教育学的概念从字面理解每个人都能看懂，但是对其内涵的理解往往似懂非懂。事实上，高等教育学博士生就业也呈现出多元化和多样化趋势，除了进入高等教育研究机构从事研究和教学工作外，越来越多的博士毕业生进入政府和高校管理部门从事行政工作。因此，结合职业发展讲述高等教育学科性质，能有利于博士生的快速理解。我在第一次给博士生上课时会让他们相互分享对高等教育学的认识以及他们对未来发展的设想，同时让他们思考专业分析与社会评论的关系是什么。每个人都是教育的亲历者，都可以对教育发表意见，为什么说高等教育研究者发表的可以称为专业意见，并结合实际实例进行分析。

作为未来高等教育专业人士，博士生除了需要了解本学科的内涵，掌握基本原理和核心理论以外，还需要了解高等教育学的伦理纲领，也就是作为高等教育学专业人士应该具有的道德准则和行为准则。我曾在课堂上与博士生分享在日本名古屋大学参加的关于"如何应对日本社会少子化、老龄化问题"的学术研讨会的经历。这个会上有众多来自各学科的知名专家学者，每个学者都从自己的专业出发，提出了应对老龄化社会的对策建议。一位教育学专家则认为，调整人口政策和退休政策可以抵充少子化和老龄化的部分影响，但其趋势不可逆转，提高社会福利和减税政策会大幅增加财政负担不可持续；向海外输出老年人口不具有操作性。同时他提出应对少子化、老龄化问题需要更加积极的对策，建议加强老年人力资源的有效使用和再开发，让老年人能够创造新财富和新价值。通过这个案例，我希望学生能够理解每个学科都基于本学科的基本思想有独特的思维方式。教育学的基本价值取向是促进人的全面发展，是一门非常积极向上的学科，它反对宿命论，强调成功是自身努力的结果，它拒绝悲观情绪，不回避现实社会问题，不放弃未来发展希望。高等教育强调激发学生面向未来和未知的勇气和潜能，培养未来的开创者和社会接班人。因此作为高等教育学博士需要更多的专业自觉，以积极理性的态度学习理论知识和研究本领域的相关问题，为自己的学术道路做好思想上的准备。

## 二、从学习者到研究者

培养博士生的首要任务是为他们未来的发展提供教育供给、学习支持和服务，帮助博士生实现其学术理想。博士生阶段除了掌握理论知识和研究方法以外，还需要具备理论创新能力，完成从学习者到研究者的转变。有不少高等教育学博士生在实际学习中遇到理论困惑，原因是目前尚未形成成熟的高等教育学科范式，即缺乏公认的独特理论体系。有学生说高等教育学像一个知识的“收容所”，理论的大杂烩，理论学习不知道从何入手。作为一门与社会各个层面各个领域相互联系的学科，高等教育学无疑需要更多地借助于其他学科的相关知识，来解决与各个学科和领域相“交织”的复杂的高等教育问题。随着知识生产模式的转型和“后科学”时代的到来，未来的学术方向是越来越走向学科交叉的，课程的实践性和学科交叉性应该成为高等教育学博士生课程的重要特征。多学科理论与方法的应用本身就是高等教育学研究开放性的一个重要特征，也是独特优势。同时，我们应该更加重视博士生的学术思维锻炼，帮助他们走出理论困境。

学术思维是指开展有深度的理论思考，形成自己独特观点的思维方法。它能帮助我们透过事物的表象探索更为深层的本质，但需要通过长期训练才能形成并逐步内化成思维习惯，是衡量是否成为专业研究者的重要指标之一。从某种程度上讲，在博士生学习阶段养成学术思维习惯比熟记理论知识更为重要。学术思维的锻炼需要融入博士生的日常学习和研究的每一个环节，首先是文献阅读。众所周知，阅读学术文献是博士生日常必修课，每位老师都会布置给学生不少文献供他们学习。有些同学的文献阅读速度非常快，但是让他复述或提炼主要观点时往往不得要领。文献阅读是个反复咀嚼的过程，不能像阅览文艺作品那样一目十行，对核心概念更不能囫囵吞枣。我比较主张围绕一个核心概念进行有目的地延伸阅读，自主形成概念理解框架，因为明晰概念是研究工作的第一步。

与自然科学不同的是，社会科学的不少概念没有统一的表述，不仅是不同学科的表述不一致，同学科的不同流派，同流派的不同学者之间的表述往往也是不统一的。其实，对于一些复杂的概念，导师的理解不一定能成为学生的理解，对不确定问题的共同探究也是博士生阶段区别于其他学生阶段的重要特征之一。合格的研究者需要突破人云亦云的认知困惑，形成独立判断能力。这是一个痛苦挣扎的形成过程，要耗费心血自己辨析、决策和选择，且不可由他人替代。一旦突破这个认知困惑，博士生就能养成学术思维习惯，完成从学习者向研究者转变的关键一步。

### 三、从无用之用到有用之用

我们经常听说人才培养要去功利化，并引用庄子的“无用之用方为大用”的话来激励学生尽可能扎实地掌握广博的知识，为未来生涯发展做好充分的知识储备。但是，在现实教学过程中，有不少博士生和毕业生会提到博士生课程学习用处不大，无法帮助他们理论创新或指导实践。也有同学反映有些老师在教学过程中一味追求理论讲述，整个博士生过程都是从“理论”到“理论”，不能很好地理解学习和研究的意义，学过就忘了。也有人反映博士生讨论课上以学生汇报为主，老师只是简单点评，没有学到多少内容。高等教育学博士生培养存在理论和实践脱离的现象。

高等教育学不同于基础类学科，是一门现实性和问题意识很强的应用型学科，需要对高等教育发展现状，特别是教育政策和高校运行管理有较为深入的理解。现在的博士生以应届生为主，缺少实际工作经验成为普遍现象，即便他们获得在学校机关做助管的机会，也仅是一些辅助性的文员性质工作，难以接触具体的管理环节，更不用说参与管理决策过程。由于博士生缺乏在实践中去验证其所学理论的机会和平台，很难从实践中来发现问题进行研究，直接导致部分博士生在学位论文阶段苦恼于从理论到理论，为论文而论文，重复研究和无病呻吟的博士论文并不罕见，研究结果也难以对管理实践产生实质性的指导意义。一些致力于理论构建的博士论文也因无法与高等教育实践相印证，难以实现理论突破。博士生缺乏工作经验的现状难以改变，因此只有改变我们的培养方式。博士研究生的课程既要强调理论性也要突出实践性，应该在课程中更多引入案例教学，让学生学会如何将“无用之用”的理论转变为“有用之用”的工具。

接下来我们面临的问题就是生动的案例从何而来？毫无疑问，案例肯定来自实践总结，书本上的案例固然经典，但是容易陷入照本宣科，难以生动表述。从我的经验来看，自身亲历的实践和发生在学生身边的事情才是最生动的案例。得益于在高校规划部门的工作经历，我在讲授“院校研究和战略规划”课程时采用了大量的案例。这些案例既涉及战略规划、综合改革、智慧校园等宏观政策，也会涉及学科调整、绩效考核、人事制度、教学评价等具体实践。在案例教学中，不仅介绍决策的过程，更重要的是让博士生运用理论对这些决策过程进行分析。博士生课程也需要精心设计，也要讲究教学方法，使他们能在课堂上了解大学是如何运行、管理和决策的，高等教育和大学发展面临着哪些亟须解决的真实问题等，让理论学习更加鲜活，理论思考更加深入，理论运用更加娴熟，真实体会到“无用之用方为大用”。

当前，我国高等教育面临着百年未遇的大变革，高等教育发展对高层次的高等教育学专业人才提出了更高的要求。未来的高等教育学博士生培养模式改革要充分考虑到高校对高等教育学专业高层次人才的需求，要为博士生发展提供充分的学术支持，帮助博士生顺利完成向研究者的蜕变。

（本文原载于《中国高教研究》2020年第5期）

# 博士论文的创新标准及研究逻辑

周光礼

**周光礼**，中国人民大学教育学院教授、博士生导师。已培养博士生36位。

## 一、引论

党的十八大以来，习近平总书记持续关注的一个高等教育问题就是学术评价问题。在2018年全国教育大会上，习近平总书记明确提出，“要深化教育体制改革，健全立德树人落实机制，扭转不科学的教育评价导向，坚决克服唯分数、唯升学、唯文凭、唯论文、唯帽子的顽瘴痼疾，从根本上解决教育评价指挥棒问题”。根据破“五唯”有关精神，2020年3月，教育部和科技部发布《关于规范高等学校SCI论文相关指标使用　树立正确评价导向的若干意见》，提出“不宜以发表SCI论文数量和影响因子等指标作为学生毕业和学位授予的限制性条件”。这一规定直接挑战了长期以来以发表SCI、SSCI、CSSCI论文作为博士生学术水平评价依据的观念。在破“五唯”和破除“SCI至上”的背景下，博士生学术评价要做战略性调整，要由强调发表SCI论文转向提升学位论文的创新性。博士生的学术评价将聚焦于学位论文自身、聚焦博士生的学术创新能力。那么，什么是博士生的学术创新能力？用什么标准评价博士生的学术水平？如何提高博士论文的学术创新性？本人将结合博士培养经验探讨这些问题。

## 二、学术标准：境界与能力

博士生是由学生走向学者的过渡阶段。要搞清楚博士教育的质量标准，首先必须探讨一下成熟学者的核心素养。博士生要像学者一样做研究，成熟学者的核心素养就是博士生的培养目标。事实上，西方传统博士教育的唯一目标是“培养能够成为名校教授的人”。成熟学者的核心素养包括两个方面：一是学术境界；二是学术创新能力。

1. 学术境界

在中国人的观念中，为学与为人是统一的。要了解一个学者的学术境界，首先必须了解一个人的人生境界。人生境界取决于人的理性品格。冯友兰先生用“觉解”来阐述人生境界。在他看来，所谓觉解是指人凭借理性来理解人生的意义和人生的价值。为学为人的境界取决于人对自身、宇宙和人生的觉解。人的理性品格是有层次性的，从非理性开始，依次是经济理性、道德理性、纯粹理性或思辨理性。根据理性层次的高低，冯友兰将为学为人的境界分为四个层次。

一是自然境界，即处于“顺才而行、顺习而行”的自然人阶段。自然人是人生境界中觉解层次最低的，这种人因为缺乏理性而对自己生活的性质没有了解，人生对他们来说没有意义和价值。

二是功利境界，即处于“为利”的经济人阶段。“为利”（自私）是生活在功利境界中的人的行为特征。功利境界高于自然境界，两者的区别就在于生活在功利境界中的人对自己的行为已有清楚的了解（经济理性），而生活在自然境界中的人还没有理性意识。

三是道德境界，即处于“尽伦尽责”的社会人阶段。生活在这种境界中的人讲求尽伦尽职，即他们要处理好人与人的关系（人伦）以及人与社会的关系（职责）。道德境界是一种较高的精神境界，这种境界下，人对“人的社会性”已有觉解，具有利他主义精神（道德理性）。

四是天地境界，即处于“知天事天”的理念人阶段。这种境界下的人具有思辨理性，他不仅了解人在社会中的“伦”与“职”，而且了解人在宇宙中的地位和作用，其行为不只是“行义”，而是“事天”。天地境界是人生的最高境界，这种境界可以使人的生活获得最大的意义，使人生具有最高价值。

天地境界实质上是一种为学境界，因为它不会存在于人们的行为中，它是一种超越性的境界。“知天”“事天”，是对于无限的了解，这种了解只能在思辨中进行。在这个意义上说，为学的最高境界其实是养成一种“形而上品格”。

赵炬明根据冯友兰的四重人生境界说提出五重学术境界说。如其所言，“不同学术境界的人做不同的研究。他们生活于不同的世界里，他们有不同的梦想，关注不同的学术问题，执行不同的学术标准，因而创造不同的学术成就”。[1]以自己求学经历为例，赵炬明归纳出如下几种学术境界：

一是地方境界。贵州大学的学者，想贵州的事情，参照贵州学术界的标准，很少出全国性影响的成果。

二是全国境界。华中科技大学的学者,关心全国的事情,他们总是与全国的大学比,希望能够在全国领先,出了很多在全国有影响的学者。

三是国际境界。北京大学的学者,不在意在全国争第一,很关心能否在国际学术界占有一席之地。他们以国际学术界为参照系,研究问题的选择和评价的标准国际化,对国际学术前沿很熟悉。

四是全球境界。麦吉尔大学的学者,不少人自己就是国际学术领域的领跑者,他们不是把国际学术界做参考系,而是把本领域中一小群领军人物作为主要参考点。他们与这些人保持密切联系,对彼此的研究工作背景和思路非常熟悉,直接与这些人探讨问题。

五是古今境界:牛顿、爱因斯坦等伟大学者,同时代无人能出其右,他们不在同时代人中找参照系,而是把历史上的伟大前辈的研究作为自己的研究基础和参照系,做出旷古未有的伟大成果。

冯友兰的人生境界说对博士生的素养提出了很高的要求,要求他们要有对理论的兴趣,要有对形而上的兴趣。要能够从学理上、哲学上探讨一些学术问题,以彰显自己的超越性。当然,形而上的探讨要以经验为基础,是“理论导向的经验研究”。赵炬明的学术境界给博士生的启示是:研究问题要有国际视野,要熟悉国际学术前沿,对国际学术界讨论的问题、采用的新方法、提出的新观点十分敏感。

2. 学术创新能力

学术创新能力是博士生的关键能力。学术创新能力不是抽象的,它具体体现于学术研究过程之中。评价学术创新能力至少可以从如下六个方面进行:

一是提出问题的能力。我们都知道,提出问题比解决问题更重要。提出问题是研究的第一步。提出问题是在价值引导下建构研究对象的过程。有没有问题意识决定了有没有学术创新。博士生的问题意识既与自己的学术境界有关,也与自己的学术积累有关。面对同样的社会现象,有人能提出有学术价值的问题,有人提不出有学术价值的问题。对博士论文来说,其设问方式最好以“为什么”开头,这样我们只需回答是因为什么,从而有利于将研究问题聚焦于自变量与因变量之间的关系。亚里士多德曾说过,什么是学术?学术是关于“因,故”的学问。其实就是关于自变量与因变量之间关系的学问。

二是方案设计能力。研究方案设计是指课题研究行动的设计,是行动之前预先拟订的具体内容和步骤，它是研究工作的全盘计划和方略。具体包括研究目的、研究问题、研究重点、研究方法、研究分工、研究步骤、研究周期及其阶段研究任务、研究成本核算以及预期研究成果等方面的内容。方案设计能力是指研究者对一项课题的规划能力，强调他们能够对一项研究课题进行合理分解，进而形成行动方案。方案设计能力反映研究者的研究思路和设计策略，实际上反映研究者的研究能力和水平。提高博士生的方案设计能力，关键是让他们参与真实的课题设计。通过训练使博士生对研究过程有一个清晰的认识和准确的把握，使他们在研究的前期工作中，对所要研究的问题，所采用的方法，所要得到的结果做到心中有数。

三是批判性阅读与概括能力。批判性阅读是文献概括的前提。批判性阅读是一种在理智上主动参与和作者的内在对话的阅读模式。博士生在阅读时常常缺乏批判的态度，常常被作者的逻辑牵着鼻子走。批判性阅读强调读者要和文本保持一定的距离，独立地进行评价，而不是跟着作者的想法走。阅读就其本质而言就是去理解一种与自己不同的立场即作者的立场。耶鲁大学的艾米丽·乌尔里希(Emily Ulrich)也认为，学术性的阅读不能满足于“what”(读出书的内容)，还必须继续读出“how”和“why”。为此，她建议学生在读书的时候，一定要有问题意识，时刻提醒自己问问题，比如，“为什么要读这本书？你想研究什么问题？”根据批判性阅读的原理，笔者提出博士生文献阅读四步法：一是弄清提出的问题及其背景，二是概括出作者的主要观点，三是对作者的观点进行评价，四是阅读文献带来的启示。其中，文献概括的关键是分类。

四是逻辑思维能力。逻辑思维能力强调利用抽象概念进行高水平思辨的能力。这是一种对事物进行观察、比较、分析、综合、抽象、概括、判断、推理的能力，采用科学的逻辑方法，准确而有条理地表达自己思维过程的能力。逻辑思维不同于形象思维，它是以概念为思维材料，以语言为载体，每推进一步都有充分依据的思维，它以抽象性为主要特征，其基本形式是概念、判断与推理。逻辑思维可以分为演绎推理、归纳推理和类比推理。演绎推理是从一般到特殊的推理形式，归纳推理是从特殊到一般的推理形式，类比推理是强调事物相似性的推理形式。通过三种推理的训练可以提高学生的逻辑思维能力。

五是知识迁移能力与想象力。充满想象力的假设是科学研究的第一步。“迷则为凡，悟则为圣”，这是强调学者要有悟性(想象力)。人类的心智一般分为观察、记忆、理解(分析和判断)、想象四大功能，其中想象力最重要，它是创造之泉源。正如爱因斯坦所言:“想象力更重要,因为知识是有限的,而想象力概括着世界上的一切,并且是一切知识的源泉”。学术想象力是一个学者知识的广度、深度和灵活度的集成。学术想象力体现为知识的迁移能力。所谓知识迁移能力是指将所学的知识应用到新的情景,解决新问题时所体现出来的一种素质和能力。知识之所以能够迁移,是因为不同专业领域存在相似的内在结构能力,这就是所谓的同构(isomorphism)。培养博士生的学术想象力就要鼓励他们从自己所熟悉的专业中总结出相对一般的结构进行跨领域的移植。促进学科交叉融合是培养学术想象力的基本途径。也就是说,基于知识之间的关联性让学生通过想象力去建立一个以某个知识点为中心的关联知识库,最终形成一个系统性知识体系。

六是基本研究技能。基本研究技能是指顺利开展学术研究需要具备的基本能力,包括查阅文献技能、数据收集技能、数据分析技能、科研表达技能四个方面。查阅文献技能是一个博士生应该具备的基本能力。事实上,任何研究工作都需要去寻找、翻阅已有文献资料,在博士生阶段,更多的是查阅研究文献,如中国知网、万方数据库等。外文研究文献主要是 NCBI、EMBL 等外文数据库。数据收集技能主要指博士生能够熟练运用问卷、量表、实验、抽样、测量等定量方法以及观察、访谈、田野调查等质性方法获取研究数据。数据分析技能指博士生能够熟练运用 SPSS、STATA、SAS、Matlab、R 语言、AMOS、Python、Citespace 等工具进行 T 检验、信度、效度、方差、参数、回归、结构方程、数据包络、倾向得分匹配等定量分析,或者运用 Nvivo、Ucinet、Atlas、Pajeck 等工具从事扎根理论探索、社会网络分析、案例分析、叙事分析、历史分析等。科研表达技能分为口头表达技能和书面表达技能两类,其中,口头表达技能主要指做学术报告的能力;书面表达技能主要指撰写科研论文、科技报告、项目申请等各种材料的能力。对博士生来说,用国际通用的方式呈现研究成果的能力尤为重要。国际通用的方式表现在两个方面:第一,科学化,强调用数据说话;第二,专业化,强调用专业共同体公认的方式撰写学术论文。

## 三、实现路径:学位论文的研究逻辑

探讨高等教育博士论文的研究逻辑首先必须明确高等教育学的学科性质。关于高等教育学的学科性质,我想强调两点:第一,高等教育学属于社会科学,而非人文学科。冷冰冰的数据、冷冰冰的分析是其突出特点。第二,高等教育是一个学科交叉的研究领域。过强的学科边界意识是高等教育学一切问题的根源。作为一个学科边界模糊的“软学科”，高等教育学具有寄生性，高度依赖其他学科的理论与方法。高等教育学一旦追求学科化，建立严格的学科边界，就会失去自身生机与活力。高等教育学的知识生产必须坚持以问题为中心开展多学科、跨学科研究。高等教育学博士论文的研究逻辑包括五个关键步骤：

1. 观察(observation)

人类在认识上存在的一个困扰是：人的认识能力是有限的，而现实世界是无限的。正如庄子所言，“吾生也有涯，而知也无涯，以有涯随无涯，殆矣”。如何突破这个困扰？根本的出路是缩小研究范围，所谓任凭弱水三千，我只取一瓢饮。也就是说，我们可以从现实世界中划出一个局部去认识它，即把现实世界中的一部分建构为研究对象。值得指出的是，建构研究对象的过程就是对现实的改造，这种改造就是用概念去把握现实。建构研究对象要受到一定文化观念的制约，所谓问题意识就是在一定价值观念的指引下建构出研究对象。

例如，2003 年，中国第一批进入“985 工程”的 9 所大学成立 C9 联盟，2009 年，“华约”“北约”“理工大学”“北京高科”等更多的精英大学联盟在中国出现。针对这种社会现象，有一个博士生联想到美国有一个常春藤联盟，进而建构出博士论文的研究对象：中国大学联盟。博士论文的题目是“从竞争到合作：中国大学联盟组织场域的建构”。

又如，中国有几个区域创新能力很强，经济发展迅速。这些地区包括京津冀、长三角、珠三角。有一个博士生立即联想到《三螺旋》[2] 中的国外区域创新体系三螺旋理论(政府-大学-企业)。在此基础上，他建构出研究对象：区域高等教育与区域经济社会协同发展。

2. 分类(classification)

对现象进行分类是科学研究的第一步。分类的关键是找出现象的可比性，从无序中找出有序。分类分好了，研究就能走下去；分得不好，研究就走不下去。例如，有人将教育联盟分为利益联盟和价值联盟，这个分类就分得不好，研究很难走下去，因为这个分类不符合排他律、同一律和周延律的分类逻辑，任何教育联盟既是利益联盟又是价值联盟。好的分类要求“不重复、不遗漏”。马克斯·韦伯(M. Weber)的理想类型法(ideal type)是一种很好的分类工具。理想类型是一个概念工具、一种思维的图像。这种思维图像能够为我们带来某种思想秩序。也就是说，它能帮助我们把现实中错综复杂的现象安顿成一个理性的秩序，它是一套存在于思想里面的秩序。理想类型法的要点是从一个特定的观点出发,特别强调现实中的某些成分,形成一套内在统一的理论。它常常片面地强调具体现象里面的某些成分,然后把它们提升为一种纯粹的概念(乌托邦):我们在思想上夸大了现实里面的某些因素,而又省略了其他因素,就使得这个东西在现实里面是找不到的。它只是我们建构出来的思维图像,其产生的效果是一种思想秩序。

例如,对中国大学联盟现象可以从行动者与行动情景两个维度进行分类:从行动者维度看,可以分为实力相当的同质大学联盟和实力悬殊的异质大学联盟。从行动场域维度来看,可以分为全国性联盟和区域性联盟。将这两个维度合在一起,形成了一个二维四象的中国大学联盟分类体系(图 1)

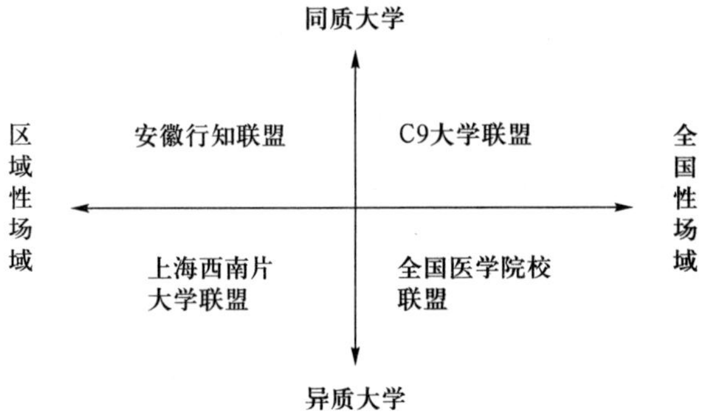


图 1 中国大学联盟分类

3. 分类定性(characterization)

分类的目的是把不同类别的性质和特点找出来,分类定性就是在分类的基础上归纳出每一类的特点。伯顿·克拉克(B.Clark)在《建立创业型大学:组织上转型的途径》[3]中提出创业型大学概念。他给创业型大学的分类定性是五点:一是强有力的驾驭核心;二是拓展的组织外围;三是多元化的经费渠道;四是激活的学术心脏地带;五是整合的创业文化。凡是符合这五个特点的大学,就是创业型大学。分类定性的经典案例是柏拉图的生活分类,他将生活分为沉思的生活和积极的生活。沉思的生活是指在沉思和宁静中达致完满和终结,在反思中获得精神的自由与解放,其对应的是一种向内的教育,即强调教育应该指向人的精神和灵魂,培育人的理性、品格、修养和价值观。积极的生活是一种致力于公共政治事务的生活,致力于此世之物的活动,其对应的是向外的教育,即强调教育应该给学生一技之长，培养学生谋生的技能，使他们能在社会上安身立命。

例如：有博士论文研究大学章程，他将大学章程从大学外部权力关系和大学内部权力关系两个维度分为四种类型（图 2），进而归纳出每一种类型的特点。其中罗马传统大学章程的特质是：(1) 强调政府参与大学治理的优先权；(2) 规定了大学最高权力机构的运行程序；(3) 大学内部的决策权、执行权、监督权合一；(4) 强调大学基层学术组织自治；(5) 重视大学使命的阐释；(6) 明确大学章程的制定、修改主体和程序。盎格鲁-撒克逊传统大学章程的特质是：(1) 赋予利益相关者参与大学治理的权利；(2) 规定大学最高权力机构的运行程序；(3) 强调大学内部的决策权、执行权和监督权的分离与制衡；(4) 重视大学一般事务处理程序；(5) 规定了大学与政府的关系；(6) 明确章程的修改主体和程序。

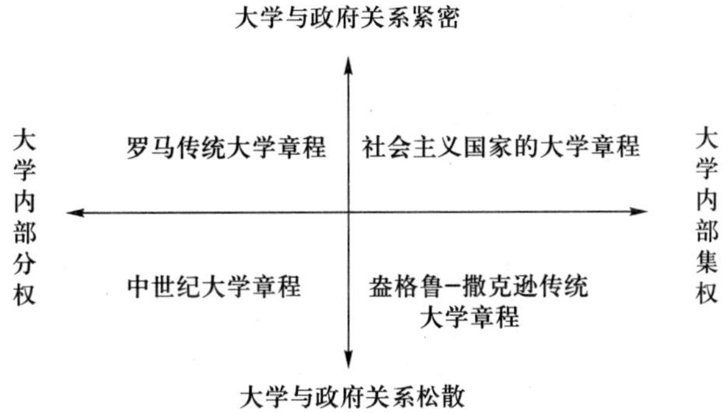


图 2　大学章程分类

4. 理论化(generalization)

理论化又称规律概括，是指把某类现象的性质变成一条规则，把分类的结果和分类定性归纳成一种带规律性的东西，上升为理论。汤姆·彼得斯(T. Peters)和罗伯特·沃特曼(R.Waterman)合著的《追求卓越——美国管理最佳公司的经验》因卓有成效地把分类的结果和分类定性归纳为一种带规律性的东西而备受称道。这本书被誉为世界最畅销的工商管理书籍、美国优秀企业的管理圣经、《福布斯》20 世纪最具影响力的工商类书籍。为了写这本书，两位作者花费数年时间，辗转美国各地，深入企业进行调查研究，综合了数百个大小公司的第一手材料，最后筛选出 43 家优良“标本”并采用“成功研究法”对其进行深入解剖和探究。成功研究法认为，通往失败的道路千万条，通往成功的道路只有少数几条，因此研究成功比研究失败获得的启示更多。在深入研究 IBM、通用电气、惠普、3M、麦当劳、宝洁等优秀企业的基础上,作者提出了卓越组织的概念。在作者眼中,“卓越”的标准是指企业除了表现在财务方面的长期优异业绩外,更重要的是具有高度的创新精神。他们认为,尽管每个卓越组织个性不同,但拥有许多共同的品质。他们将这些品质总结为八大基本属性:看准就干,行动果断;贴近顾客;自主创新;以人促产;深入基层;专心搞本行;精兵简政;宽严并济,张弛结合。

例如:大学章程研究的理论化。作者通过研究,最后归纳出几条:第一,大学章程旨在规制大学权力的运行,大学章程可纳入行政法范畴。大学章程的主要功用是确保大学权力的规范运行,以更好地实现大学使命,实现公共利益。第二,现代大学是一种社会行政机构,大学权力主要有两个来源:一部分源自政府授权(行政权),另一部分来自科层组织自身(自治权)。第三,大学章程是落实大学法人地位,实现学术自治的基础,是现代大学制度的重要组成部分。大学章程应既具有内部效力,又具有外部效力。盎格鲁-撒克逊传统大学一般具有法人地位,大学章程通常由校外立法机关制定;罗马传统大学一般不具有法人地位,大学章程一般是大学根据法律制定,教育行政部门核准。

5. 形成假说(hypothesis)

形成充满想象力的假设是科学研究的核心。人们常常通过假设来建构理论体系,假设来自演绎,演绎的方式是预测,预测要求证伪,预测的结果必然回到现实中。预测的副产品是显示一批从未发现的新现象和新事实。高等教育研究的最高境界不只是通过现象发现规律,更重要的是通过规律揭示新的现象,发现新的世界,构建新的认识。事实上,最行之有效的高等教育研究路径是研究经典案例,从经典案例中归纳出一个或几个核心概念,再通过这几个核心概念演绎出一套理论体系。美国著名的高等教育专家伯顿·克拉克特别擅长案例研究。他有一句名言,即“一个成功的经典案例抵得上一千种遥远的理论”。他一辈子的学术进路就是首先做案例研究,然后通过案例研究归纳出核心概念,最后通过核心概念演绎出一个理论体系。

上述五个环节是一个循序渐进的过程,这个过程分两个阶段,从第一步到第四步属于归纳阶段,第五步属于演绎阶段。两个阶段是统一的,演绎阶段建立在归纳阶段的基础上。

## 四、结论

高等教育学的博士生首先要提高为学为人的境界。只有大视野,才有大智慧。

其次，要全面提升学术创新能力。学术创新能力包括提出新问题的能力、研究方案设计能力、批判性阅读与概括能力、逻辑思维能力、知识迁移能力与想象力、基本研究技能。第三，要遵循基本的研究逻辑。观察、分类、分类定性、理论化、形成假设。高等教育学的博士学位论文大力提倡实证研究，要通过实证研究来发展知识、创新知识。实证研究分为两个部分，一是形成富有想象力的研究假设，二是细致的查证过程。前者是开放的，后者是封闭的。所谓“大胆假设、小心求证”，就是实证研究的写照。

## 参考文献

[1] 赵炬明.高等教育研究中的文献研究与文献综述[J]. 高等工程教育研究，2011(2).

[2] 亨利 · 埃茨科威滋.三螺旋[M].周春彦，译.北京：东方出版社，2005.

[3] 伯顿 · 克拉克.建立创业型大学：组织上转型的途径[M].王承绪，译.北京：人民教育出版社，2007.

# 博士生田野研究能力培养的思考

苏德毕力格

**苏德毕力格**,中央民族大学教育学院党委书记、二级教授、博士生导师。已培养博士生 19 位、博士后 3 位。

作为高等教育后发型国家,从 1898 年京师大学堂创办算起,我国的高等教育也已跨越百年历程。高等教育学科的发展建立在近百年高等教育实践改革的基础之上,经历了从无到有、从模仿到创新的发展历程。《高等教育学讲座》(潘懋元著,1983 年出版)的问世,标志着中国高等教育学科作为一门新兴学科的正式确立。1992 年 11 月,在教育部发布的《学科分类与代码》中,高等教育学作为教育学之下的一个二级学科,被列入国家标准之中,高等教育学作为一门独立学科得到国家层面的认可。1986 年我国第一个高等教育学博士学位点在厦门大学建立,此后北京大学(1990 年)、华东师范大学(1993 年)、北京师范大学(1996 年)也相继获批博士学位授权点。[1]

高等教育学主要是培养从事高等教育学科的理论研究、教学和高校管理的高层次专门人才,[2]使其能够胜任高等教育领域教学、科研和管理工作。为此,有学者进一步指出,高校的研究生,特别是博士研究生,在进行学位论文创作的过程中,应更多地从理论高度对高等教育改革与学科建设中出现的新问题进行分析。[3]但是,高等教育学专业博士研究生的培养倘若脱离实际问题,脱离具体的研究场域,势必会失去大厦之“根基”,而将面临高等教育学到底有何用的质疑和诘难。而从其学科基本性质来看,高等教育学本身也应是一门应用性很强的学科,其学科建设的根本目的在于切实解决我国高等教育实践中遇到的矛盾和问题,在于影响宏观教育决策,为一线的教授、学生及高校治理者提供新视野、新思路和新举措。[4]在此基础上,田野研究方法符合高等教育学专业培养博士研究生解决实践问题,培养博士研究生学术研究能力的需要。因为田野研究强调研究人员在相当长的一段时间内深入研究场域,通过参与式观察、居住体验等手段亲身参与研究对象的生活,获得第一手资料并加以分析,以理解与解释研究问题。博士研究生作为本学科未来学术研究的主力军,其田野研究能力水平势必影响研究者个体的研究水平和本学科的发展水平。

总之,田野研究方法的掌握既是学科之所求,亦是个人学术成长之所依,博士研究生只有熟练运用田野研究方法,掌握田野研究技巧,才能更好地服务于学术研究水平的完善与发展。因此,本研究基于教育人类学立场尝试对田野研究能力进行适当的内涵分析,从笔者培养博士研究生的职业经历,总结博士研究生田野研究能力培养的先行经验,阐释博士研究生导师在培养博士研究生田野研究能力的过程中理应承担的角色和发挥的作用,以期为后行者提供可资借鉴的经验。

## 一、基于教育人类学立场的田野研究能力内涵释读

在西方民族学中,田野研究又被称作人类学田野工作(anthropological field work),或被称为实地调查方法,是指经过专门训练的人类学者亲自进入某一社区,通过直接观察、访谈、居住体验等参与方式获取第一手研究资料的过程。19 世纪末,英国博物学家哈登(A.C.Harden)和美国人类学家博厄斯(Franz Boas)率先将"田野调查"引入民族学研究。20 世纪初,英国人类学家马林诺夫斯基(Malinowski)对田野研究方法进行系统性规范,发动了一场"田野研究革命",创立了人类学田野研究和撰写民族志的科学方法,并从理论上和技术上,归纳出一套科学的田野研究原则。[5] 田野研究遵循的是"从实求知"的原则,在此原则引导下,研究者坚持"经验是认识的源泉"这一论断的同时,要从实际上更为复杂的关系网络中抽离出来,通过理性对经验之"材"进行"去粗取精、去伪存真、由此及彼、由表及里"的思维加工,[6] 以对待客观事实的方式处理为纯粹的研究对象,将其"像物一样"实体化,预设唯物主义的本体论,最终完成由"从实"到"求知"的过渡。

真正意义上的田野工作是人类学家获取研究资料的最基本的途径,是民族志(ethnography)架构的源泉。田野工作被看作"现代人类学的基石"。[7] "田野调查工作之于人类学就如殉道者的血之于教堂一样",[8] 不仅是本学科发展的推动力,也对其他相关的学科发生着重要影响。

田野调查是大部分质性研究者们收集资料的基本方式。他们深入研究对象所在的领域,和他们交往互动并深入相处,以获取相关资料来完成研究。田野调查发生在日常背景中,在这样的背景里,研究对象展现其日常生活状态,也许是去当地的社区上学,也许是晚上回到家后,在餐桌上完成作业,抑或是在大学校园里参加

课程等。教育及其所包含的一切内容都会发生在不同的场景之中,而质性研究者们必须通过他们自然的生活环境,参与到研究对象之中。[9]

田野调查通常用于捕捉以下观点:“要置身于研究对象的世界中……不是一个过路者的短暂停留,而是作为一个前来访寻的研究者;不是一个无所不知的人,而是一个前来学习的人;不是一个想要成为和他们一样的人,而是想要了解如果成为和他们一样的人究竟会怎样的人。”[10]换句话讲,质性研究者们一方面参与到研究对象的世界之中,感受并研究他们的生活和所思所想;另一方面,又要站在中立的角度,保持客观中立。他们会选择参与研究对象的一切活动,但同时控制这种参与的程度与范围。他们要具备感知力,但更重要的是,他们要能够对自己的研究进程展开适时的反思与反馈。[9]

不同的学科有不同的立足点、视域和指向,由此建立不尽相同或完全不同的问题域及研究意义。基于教育人类学立场的田野研究的基本表现形式是“学校研究”,而在学校田野中做研究,研究者无须打点行囊做远足的寂寞“独行客”,而可以利用自身的教育经验与理论基础置身田野之中。因此,基于教育人类学立场的田野研究要求研究者既不迷信于“第一手资料”,也要避免以客位视角随意诠释,而是要深入情景,以合乎情理的身份(自我和他者的自由切换)对田野资料加以甄别分析并进行理论的提升,最终形成“反思—行动—建构”三联动的田野研究能力,以解决高等教育领域中面临的实际问题。当然,对于田野研究能力的诠释可以从以下几个层次展开。

所谓反思力,是基于“面向自身”和“面向他者”责任的研究溯源,是深入田野前对田野选择和研究行动的反思。马林诺夫斯基曾指出,“先入之见对任何科学工作都是致命的,但预示性问题则是科学思考者的主要禀赋,而这些问题最初则是通过理论研究被观察者发现的”。[11]田野研究是一个不断经历“文化震撼”的过程。在陌生的田野点,研究者会不断地遇到与自己已有知识相悖的文化或情景,[12]因此,研究者只有对田野选择和研究行动进行反思,对田野场域中特有的文化现象和教育问题充分了解并合理预设,才能为顺利进入田野奠定良好基础。

所谓行动力,是指教育研究者要以“置身其中”的角色,持有充分的文化敏感性,力图将研究场景的全貌“尽收眼底”的能力。教育的场域(田野点)具有其自身的特殊性,就其研究者而言,每个研究者均有相关教育经历,且与被研究者处在相同或相似的主流文化背景之下,因此,研究者注定成为田野场域的“深度介入者”,

在持有文化敏感的前提下，研究者需从简单的动作、话语或现象入手，收集其中所蕴含的复杂性文化图示，揭示民族文化意义结构背后蕴含的复杂教育现象。

所谓建构力，是指整合所观察的教育现象，加工田野收集的资料和内容，最终落脚于教育问题解决的能力。马林诺夫斯基说过，“将观察到的所有细节整合在一起、将各种各样的相关现象进行社会学的合成，是民族志学者的任务”。[11]民族教育研究者开展田野研究的目的不仅仅是为了如实地描绘现场，而且为了解释教育现象，分析教育问题，从而推动改进教育实践。通过行动前反思成果和前期储备的教育理论与经验，达到与实践者间双向滋养式的内在沟通与转化。

高等教育学博士研究生塑成“反思—行动—建构”三联动的田野研究能力是成长为成熟田野工作者的必经途径。对于场域和行动的反思是研究的逻辑起点，否则就没有探究的源泉和动力，也便没有进入田野进行考察的必要，“置身其中”而将教育图示“尽收眼底”是研究的核心步骤，也是考验高等教育研究者田野研究能力的关键一环。基于“问题解决”的建构是研究的价值旨归，关乎高等教育研究的意义阐释。

## 二、培养高等教育学专业博士研究生田野研究能力的经验

诚然，无论在何种情形下，高等教育学博士研究生的田野研究能力都不会在没有根据的毫无秩序的心房中生成，而需要一点一滴地累积，并进行合理的构建。犹如建造一所房子，需要牢固的根基、需要度量房内的空间，以及在垂直空间的四周和屋顶加上防护以抵制“风雨”的侵袭。因此，关于高等教育学博士研究生田野研究能力的生成进程，我们总体上可以从以下几个环节加以把握。

1. 培养“田野之前”的反思力

有学者主张进入田野之前最好不要有理论和思考性问题的准备，以避免在进入田野考察过程中思维受到束缚和行动举措受到限制。事实上，这在一定程度上会误导“初学者”，当然这里的初学者主要是指进入高等教育学领域的博士研究生们。倘若初学者或者有了丰富田野经验的研究者没有问题意识，没有前提性的反思，便匆忙进入田野，其结果往往会导致田野之行的“铩羽而归”。因为没有前提性的反思，进入现场便不会有“异趣”，更不会有深入性、细致性的观察。当然，对于反思力这一能力的需要和培养事实上早有论断。正如苏格拉底曾言，未经反省的人生不值得活，其含义在于，行动和生活必先有前提性之反思。再如，“博学之、

审问之、慎思之、明辨之、笃行之”的箴言也表明，从博学到笃行，层层递进，渐次清晰，而同时表明，思在行之前，行前必有思的准则。而后才能真正做到“学、思、行”的结合。为此，训练博士研究生田野研究能力的反思力则需通过田野调查前的“反省训练”达成。例如，笔者在承担联合国教科文组织的《中国少数民族基础教育政策研究》课题过程中，面临首要需要反思的问题是如何选择“我的田野”，并且在这个田野里要解决什么具体的教育问题，而非首先考虑将拟想中的田野作“陌生化”的处理，以通过田野之远足，其后归来叙事。因此，要在田野之前不断辅助博士研究生进行关于“田野”选择、对敲定的主客观因素进行反思。

2. 培养“田野之中”的行动力

长期以来，在高等教育学乃至整个教育学领域，很多博士研究生缺乏“行动力”，从来只是会开口而不会动手(行动)，也即缺乏“实操”的行动力。为了弥补这一缺陷，必然需要着手培养博士研究生的田野行动力，以辅助其田野研究能力的不断发展。田野研究行动力的培育方法主要从以下几个方面展开:第一，培养田野之中的文化敏感性，研究者进入田野研究现场，面对被研究对象时，往往要练就快速反应能力，在保证其隐私等公正原则下，探查被研究者阶层、地域、民族、男性主导文化抑或是女性主导文化等文化因素，并在此基础上检视他们的文化与知识，所谓“知人论世”即是其中道理。第二，学会“置身其中”，建立研究者与研究对象之间互相需要的双向互动关系，而不能使得研究者和研究对象成为彼此的“匆匆过客”，这就需要研究者能够逐渐养成一种“跨文化适应性”，能够真正做到置身其中，变他者需要为“己”之需要，能够真切地首先帮助他们发现并解决问题，而不是首先想着如何完成自己的课题内容和研究内容。第三，培养田野之中的扎实描记能力。正如马林诺夫斯基所说的“用科学的范式来规范你所描记的”。当然，此时要做到，我手不再先是直接写我心，而是先描记我所深切之体察的内容。(注意，这里不再是人类学所讲究的“参与观察”，而是真切地深入其中，与被研究者共在的体察，观察与体察有着本质的分别。)此外，田野描记的过程中要重点关注田野中一般人的人生意义。因为了解民族地区的教育问题是一个普遍性的问题，而典型人物的事迹更多属于“偶发事件”，正如古希腊的人民，并不都叫索福克勒斯，而如果重点了解他，势必会把整个希腊的真相搞错。

3. 培养“田野归来”的建构力

当田野研究者远足归来，更为重要的一点在于，要将研究的教育问题“暴呈”

出来,这需要的是研究者对田野调查所得进行建构的能力。同时,发挥田野建构力所带来的结果是在田野之事得以成就的同时,田野中的所有人也得以成长与发展。[13]当然对于博士研究生田野建构能力的培养可以依照以下几个方面展开:第一,学术活动的组织,其作用在于培养博士研究生的学术能力,同时在学术不断进取的过程中培养博士研究生的理论构想能力及其田野想象力。第二,开展相关的教学研究,通过相关教学实践辅助博士研究生重新理解自己的身份,获得博士研究生的身份认同。因为很多博士研究生初入学时并不是十分明晓自身的专业以及田野研究能力对于本专业领域博士研究生的价值和意义所在,为此开展相关教学工作无疑有助于博士研究生今后田野建构能力的养成。第三,在现实条件允许的情况下,力求让每位博士研究生在学习阶段都要尽量参与田野调查,亲身感悟教育学田野的实际,而逐步养成博士研究生对"教育田野"的敬畏与向往心理,进而在理论和实践的碰撞磨合中不断提升博士研究生对田野的感知认知力,促进田野建构力的培养。

## 三、博士研究生导师的责任承担

概而言之,博士研究生田野研究能力实现的理想必然要在现实社会的实践中得以验证。而导师作为培养博士研究生的首要的、第一位的责任人,必然要在培养博士研究生学术能力、田野研究能力的过程中承担必要责任。

1."自我德行"的坚守

在培养博士研究生田野研究能力的过程中,博士研究生导师的首要职责并非教导博士研究生如何观察和研究田野,也非针对田野调查中的伦理立场进行教导,其首要的职责应是导师在"自我德行"上的坚守与净化。毋庸置疑,一个有道德的人才会自愿承担属己的道德责任,所谓道德人,应具有两种基本道德能力。它们是正义感的能力,及形构理想人生观的能力。[14]前者主要是说人必须要依循正义的原则行事,后者主要是指人能够自主地安排自己的理想并能够对自己的安排与选择负责。而这两种能力的形成主要依赖于人的自由和知识,以此,人才能够在具体的事实经验中知善恶、识真理、辨谬论。

这就要求,首先,研究生导师需要不断地阅读古典中的经典书籍,在经典中与伟大人物展开对话,让心海徜徉于著作中精细、严谨丰富的道德论述,用经典的道德学识涵养自身的经脉,唤醒自己早已在沉重的科研学术、教学压力以及被其他琐事拥缠的身心，找回早已被忽视、被荒疏的道德感觉。不可否认的是，正如今天，哲学、政治在人们性格形成的年龄所发挥的作用渐小。因为年轻人对深刻的东西很少有深切认识的经验——我们尚未准备好这种土壤。[15]究其原因，与研究生导师在经典中所濡化与承继的前人的德育经验变少有莫大的关系。因此，研究生导师阅读经典将有助于师生之间共同承袭古典经验中对美好生活的向往，加深师生对道德责任的共同理解，有助于研究生导师道德责任的完成。

其次，为了获得知识和真理，研究生导师要敢于到生活实践中去唤醒道德意识。正如柏拉图在《理想国》的对话中所谈及的“洞穴隐喻”一样，洞穴里的一个人在偶然的机会挣脱束缚，越过与他同在洞穴中被捆缚的众生，努力地上升到洞穴外面的天地，认清了曾经在洞穴中的假象与洞穴外真实的天地，犹如获得了新生，但在这一过程中他有可能会遭遇痛苦与质疑。相形之下，研究生导师在现代学校中，安于处在时代为导师安排的“洞穴”之中，跟随着现代化的大潮，看重知识的工具性价值，“顺其自然”地走在只教知识不谈道德的进程中，而不敢也不想再突破“洞穴”的束缚去追寻古典时代对于人文与道德的学习，生怕被人嘲笑为无效、无能的导师。如此，在现代学校中，科学知识的学习就变成了纯粹客观知识的掌握，失去了人文与道德的根基，教育内容越来越“道德贫瘠”。[16]道德真理的求索与实践距离导师越远，而自身承负的道德责任的实现也将遥遥无期。为了避免这样的境况继续延续，导师应在具体的工作实践中求索与唤醒自我与他者的道德真知。如此看来，导师必须首先在道德上能够自我审视，自我省察，做到内省而不疚，才能更好地教化与影响他所指导和所能影响到的博士研究生们。

2. “田野实践”的引航

导师在“田野”中践行，成为博士研究生田野实践的守门人和引路人。诚然，博士研究生田野研究能力培养的最终目标在于使得博士研究生成为研究“教育”真理的守卫人，而在田野实践中做到了解一个民族及其文化，尤其是与自己所属民族不同的文化，这种田野研究能力和所需的长久的田野实践非常人所能胜任。民族教育学领域的导师只有首先成为这样的“守门人”，才能更好地影响乃至教导他的学生们也成为孜孜不倦的田野践行者。事实上，此种工作一方面需要超脱的观念，这要求田野工作者要时常做好“自我”与“他者”之间的互相转换，而且必须试图摆脱早已在自己脑海中留存的潜意识与刻板印象，例如，“蒙古族人每天都可以吃羊肉”“少数民族地区太落后”等，但是又不能使得研究者与所在的田野产生隔膜，而能从一个绝对不同于自己的生活方式中观察内在的意义。[17]另一方面，研究生导师在自身长期从事田野研究的过程中要始终保持一颗“淳朴”的心，当然，这种淳朴不单单指导师自身的良善，也是导师在自己的研究过程中要不断地警惕“惰性心态”和破除自私之心理。所谓惰性，大抵自古以来，很多人即有此一特性，例如，中国有许多古代学者，一旦登上自己所求之舞台，便不复学术进取，不求学、不写作，而只求在闲暇中消磨光阴。而田野研究者如若受此等“惰性”心理拥缠其身，“田野”自会一片荒芜。如此，从扎实田野实践中走出的研究者犹如失却了自己赖以生存的家园和保持学术活力的“根基”。

事实上，老一代田野研究的践行者已然为我们树立了良好的榜样，行行重行行，持续行走在田野之间的费孝通、拄着拐杖也要深入田野实践的潘光旦等，实为鼓励我们戒除“懒惰心态，荒芜田野”的榜样。与此同时，导师作为田野研究的引航者必须要能够破除自私之心理。这里的自私之心理表现在学术研究上即为“进田野只为课题达标和成果积累”。首先，研究者进入研究现场，与相关研究者、参与者交流互动，占用他们的时间和资源，而后在自身的学术实践中却缺少对他们的反馈及其以后持续的互动，此为“自私心理”表征之一。其次，田野研究完成后所形成的田野报告带有更多功利性目的，例如，在现行学术评价体系中，“不发表”的报告即为无用，因此，这导致很多田野研究者走进田野的最终目的只在于“出报告”，至于报告之中的“田野关怀”却视而不见，此为“自私心理”表象之二。如此，又怎能期待这样的研究者能够成为一名真正的田野研究者呢？高等教育学领域的导师应富有超脱的观念和淳朴的心地，能在踏实的田野实践中明了一个民族及其文化、教育的实际涵育，这样才能做好高等教育的研究和传承工作。

## 参考文献

[1] 张典兵，张忠华.新中国成立70年高等教育学学科发展的回顾与前瞻[J].高教探索，2020(1).

[2] 包水梅.中美高等教育学博士研究生培养制度的比较研究——基于厦门大学与斯坦福大学的案例分析[J].高校教育管理，2012(4).

[3] 迟景明，陈晓光.我国高等教育学专业博士学位论文研究主题与发展探析[J].中国高教研究，2013(12).

[4] 龚放.把握学科特性　选准研究方法——高等教育学科建设必须解决的

两个问题[J].中国高教研究,2016(9).

[5] 伍红林.论基于教育学立场的教育田野研究——兼与人类学的比较[J].教育理论与实践,2008(10).

[6] 吴洪亮.作为一种“研究方式”的民族教育田野研究——基于教育研究方法论层面的思考[J].民族高等教育研究,2013(1).

[7] [美]C.恩伯,M.恩伯.文化的变异——现代文化人类学通论[M].杜杉杉,译.沈阳:辽宁人民出版社,1988.

[8] [美]威廉·A.哈维兰.当代人类学[M].王铭铭,等译.上海:上海人民出版社,1988.

[9] [英]马林诺夫斯基.西太平洋上的航海者[M].弓秀英,译.北京:商务印书馆,2016:18,95.

[10] 周保松.自由人的平等政治[M].北京:生活·读书·新知三联书店,2017:137.

[11] [美]布鲁姆.巨人与侏儒[M].秦露,等,译.北京:华夏出版社,2007:316.

[12] 高德胜.论道德作为现代教育之代价[J].高等教育研究,2013(10).

[13] 林语堂.吾国与吾民[M].黄嘉德,译.长沙:湖南文艺出版社,2016:8.

# 厚植基础与理论创新

王保星

**王保星**，华东师范大学教育学部教育学系教授，已培养博士生15位。

创新已经成为当下我国博士生教育的主题追求，并已贯穿我国博士生或考试或审核的招生审查、课程设置与教学、科研实践训练、博士生学位论文选题写作以及学位论文答辩等博士生教育的环节和活动之中。现结合本人的博士生指导实践，就博士生培养中的专业基础与通识基础厚植、博士研究生学位论文创新，谈几点认识。

## 一、博士研究生专业基础厚植的必要性及实施原则

1. 专业基础厚植的必要性

“水之积也不厚，则其负大舟也无力。”在博士生指导与教育实践中，厚植博士生的专业基础，既是指导博士生顺利完成课程学习任务的必要内容，也是在有限的学习时限内提升博士研究生研究创新能力的有效手段。博士生的专业基础如何，不仅决定着其攻读博士研究生学位期间研究性学习的质量，影响博士学位论文创新的水平，同时也在很大程度上决定着博士研究生未来学术生涯的发展和高度。

一般来说，通过考试录取制或申请审核制被录取为某一专业方向的博士研究生，已经为从事相关专业的深度学习和专业研究做了相对充分的专业知识和专业基础准备。一些具有相当工作或专业实践经历，或已在某一专业领域取得一定成就的博士研究生，更为关注开展具体的专业问题探究，相对容易忽略专业知识基础的进一步完善，似乎专业知识基础已不再是一个值得关注的问题。加之当下我国部分院校有关博士研究生学习与评价体系中强调学术论文发表，明确规定将发表不同数量不同级别的论文作为满足博士论文答辩资格或学位授予资格审查的刚性要求，进一步强化了博士研究生的论文发表意识。

作为博士研究生的一项学业或学位授予资格考核要求，博士研究生在读期间发表一定数量的学术论文，对研究生科研能力和写作水平的提升而言，有其必要

性。但若引导或指导不当,或者将学术论文发表数量与博士学位授予资格审查联系起来,则是当前需要破解的问题。博士研究生若不能正确处理专业知识学习、科研素养提升与论文发表的关系,而只是更多地从方便论文发表的角度,而不是结合自身专业知识储备基础,从进一步完善夯实自身专业知识基础的角度阅读相关专业文献,那么,多发论文、快发论文以满足相应的学位资格审查要求便成为第一要务;再加上在研究生就业或求职的过程中,用人单位也更多地以研究生学术论文发表情况作为是否聘用或录用的"硬条件","要么发表,要么出局",也在某种程度上成为博士研究生学业生活的第一法则。个别博士研究生抢抓热点问题,热衷于做"短平快"式的学术研究和论文发表,文献阅读的浅层化、碎片化及功利化现象突出。当前,破除博士研究生学位授予资格审查或学业评价中的"唯论文论",解除论文发表与论文答辩或学位授予资格审查之间的刚性联系,将论文发表作为一项鼓励性而非强制性、形成性而非终结性的学术评价要求提出,建立更为多元的能够充分反映不同学科特点的学术评价指标体系,引导博士生将主要精力放在专业基础的厚植事务上,需要引起决策者与指导教师更多的思考。

关于博士学位授予资格,《中华人民共和国学位条例》从三个层面作出规定:一是在本门学科上掌握坚实宽广的基础理论和系统深入的专门知识;二是具有独立从事科学研究工作的能力;三是在科学或专门技术上做出创造性的成果。其中"基础理论掌握"上的"坚实宽广"要求和"专门知识"上的"系统深入"要求,均指向研究生专业基础的厚植,表明博士研究生只有掌握了坚实宽广的基础理论和系统深入的专门知识,才能为具有独立从事科学研究工作能力和在科学或学术上作出创造性贡献奠定理论和专门知识基础,同时为博士研究生在完成学业步入职业岗位后具有可持续性、可拓展性且不断提升的科学研究能力提供基础。

需要进一步明确的是,博士研究生攻读博士学位期间的主要工作内容即开展研究性和创新性的学习与探索活动,而"创新性"绝非研究者"灵光闪现"的结果,而是研究者基于自身较为丰厚扎实且富有深度的专业知识,就学科基础理论问题、社会教育实践问题开展深入研究的结果。

2. 博士研究生专业基础厚植的实施原则

作为一项普遍性的学习要求,在具体到每一位博士研究生的时候,我们在不断探索的基础上,逐步积累起厚植博士研究生专业基础的两项基本原则,即因材施教;注重引领。

所谓"因材施教"，就是在课程教学和研究生日常学习指导中，尽可能以查阅学生档案、访谈讨论以及细致观察等手段，全面了解每位博士研究生的学科基础、专业背景、学术志向、知识结构、科研能力等各方面的情况，进而提供有针对性的指导。譬如对于非教育专业出身而又有志开展西方大学史问题研究的博士研究生，在制订培养方案或指导计划时，我们一方面建议补修"西方大学史"硕士研究生课程，同时在"西方教育哲学问题研究"和"西方教育史研究专题"课程内容设计上，注重选入希腊城邦哲学与西方古典教育、中世纪教父哲学、经院哲学与中世纪教会教育、经验主义哲学与近代科学教育、理性主义与现代教育等能够体现外国教育哲学基础的重点内容，拓宽学生的学科知识视野。同时，基于相关高等教育名著的阅读与讨论，聚焦西方大学历史演进、哲学基础、大学理念、学术专业、大学治理等专题进行深度研讨。

在引领博士研究生实施文献深度阅读和课程教学中，在力所能及的情况下，注重向学生提供一个较为广博的知识图景，注重对学科知识作谱系学的展示和阐述，注重向学生介绍某一问题的最新研究进展和问题来源的学科基本面，引导学生在阅读中逐步实现对相关专业问题的知识还原和历史拓展，如对"大学学术自由"问题，不但引导学生从科学研究活动的特殊层面认识"学术自由"内涵及其对现代教师职业和现代大学制度建设的意义，还注重从思想自由、信仰自由与学术自由的理论联系、大学学术自由与中世纪大学作为一种学术行会的历史联系、大学教师职业劳动的特点以及科学研究活动结果的非预期性和试误性特点、学术自由理论与学术自由制度建设的关系、历史和现实中的学术自由案及其判决等层面实现深化性和延伸性理解。

所谓"注重引领"，是指在博士研究生学习指导实践中，引领学生立足学科前沿问题，从理论与实践相结合的角度对现实的教育问题保持敏感性，提升运用学科基本理论理解、分析和解决教育实践问题的主动性。例如 20 世纪 90 年代我国高等教育大众化推进以来，高等教育发展步入新的历史发展时期，如何在高等教育实现规模扩张的同时保障高等教育质量，成为国内高等教育亟待厘清和解决的重要问题。为回应这一需求，注重引领学生首先从历史的角度梳理中世纪大学发展以降人类高等教育的发展历程，结合美国学者克尔在解释"多元化巨型大学观"时，曾就有关人类大学(观)的演变历程所作的描述："'大学观'是一个居住僧侣的村庄。'现代大学观'是一座城镇——一座由知识分子垄断的工业城镇。'多元化巨型大学观'是一座充满无穷变化的城市。"[1]从历史与理论相结合的视角,阐述高等教育实现从精英化向大众化和普及化阶段的迈进所具有的教育民主化意义,阐明马丁·特罗高等教育大众化的基本内容,辩证分析高等教育规模扩张与内涵式发展的对立与统一关系,理解构建高等教育质量保障体系之于高等教育大众化的生命线意义。

## 二、博士研究生学科通识基础的强化

"直从萌芽拔,高自毫末始"。在夯实博士研究生专业知识基础、提升博士研究生创新能力的过程中,还需要重视强化博士生的学科通识基础。这不仅是教育史专业博士研究生学术发展的必要要求,也是包括高等教育学在内的博士生研究生学科素养提升的重要内容。

就教育史专业外国教育史方向的博士研究生而言,学科通识基础的强化,具体表现为形成对外国教育史,包括外国教育思想史和外国教育制度史的整体认识。为实现此目标,我一般都会建议学生精读我国著名外国教育史专家吴式颖先生为十卷本《外国教育思想通史》所撰写的"总序"长文。吴式颖先生在"总序"中强调,通过"研讨外国教育思想产生、发展和演变的历史,分析和评价各个时代最重要的教育思潮和教育思想流派,阐述各时期外国教育思想家和教育家认识教育现象、解释教育问题、探讨教育客观规律的得失"[2]。通过系统梳理和回顾人类教育思想演变的历史,吴式颖先生强调社会生活的实际需要是教育思想得以萌生和发展的源泉,人类的教育活动必须符合人的身心发展规律,各种文化和教育观的交流和融合是教育思想发展的动力,教育思想的发展需要从科学、哲学、心理学、伦理学、社会学、政治学等学科汲取营养。这些有关人类教育思想发展的认识为学生准确把握阶段性或主题性的人类教育历史实践提供了指导,也为观照现实教育问题提供了思想基础。关于外国教育制度史,则推荐学生精读我国著名外国教育史专家滕大春先生主编的六卷本《外国教育通史》。

博士研究生学科通识基础的强化,还表现在博士研究生要有意识突破学科专业的藩篱,阶段性或暂时"弱化"对自己所学习学科的忠诚,适当"跨界"和适度"越界",将阅读目光投向相邻和相关学科领域。比如教育史专业外国教育史方向的博士研究生应阅读世界历史、西方哲学、西方文化、宗教神学、心理学、社会学、政治学等众多学科领域,在寻求教育与历史、哲学、宗教、心理学之间历史联系的过程中,对教育历史问题的当代社会价值和可为解决社会现实教育问题提供借鉴的教育历史经验作综合思考,既有对于教育历史的原点式追问,又有对于教育现实问题的历史性追溯;既有对教育历史进程的梳理,又有对于关键教育问题的历史阐释。要善于将现实教育理论或实践问题植入人类整体教育变迁的大历史之中加以解析,对教育问题实施发生发展历程的"档案式"考察,凸显教育问题在其成长的历史中所接受的社会馈赠,彰显教育如何以人的培养,无论是人发展层面的心智成长、洞察力提升,还是依据个人意愿和兴趣投入未知领域探索的内在目的完善,来成功回应社会需求进而赢得社会认可的教育成长史。同时,引导学生养成有益于探索教育与社会发展的历史逻辑的学习习惯,因为社会政治体制、经济生产方式、文化传统以及宗教信仰体系等对教育的演变无时不发挥着重要的,甚至是决定性的影响,单就教育自身的考察难以较好地完成教育本质认识这一任务。为理解教育历史的要义,有必要准确把握教育发展的主线和主题,关注教育的历史属性和社会属性,构建必要的学科通识基础体系。

教育史专业外国教育史方向的博士研究生学科通识基础的强化,还表现在学生在教育史学理论、研究方法等层面的不断积累。教育史是已经过去的教育实践或教育理论,是已经具有客观性的人类教育活动留存于过去的存在。人类教育实践在时间维度的延续和空间维度的拓展,成就人类教育历史的整体画卷。然而,关于该画卷的价值意义,以及描绘该画卷的有效方法等,则是需要即将全身心投入教育史学习和研究的博士研究生们加以关注的学科通识基础问题。

就高等教育学科博士研究生的培养而言,欲形成对当前高等教育实践的深入认识,有必要追溯人类高等教育发展的全部历史。高等教育不但不能回避自己的历史,恰恰相反,高等教育机构总是在继承传统中通过革新以适应新的社会需要。"历史的研究也就是要提供种种比较,帮助理解当前:用过去大学的概念来阐明今天大学的概念;早先几个世纪大学的衰弱和复兴也许可以帮助我们了解今天大学的衰弱和明天大学复兴的可能性。"[3]

高等教育学学科通识基础的强化,还可以通过指导博士研究生了解梳理高等教育学的学科史和学术史而逐步实现。引导博士研究生了解该学科的学术史和学科史及国内外发展状况,把握该学科国内外学者重点关注的问题。通过关注重要的国际学术协会和组织的年会主题,收集阅读重要学术刊物所刊发的学术论文,积极参与相关重要学术会议,参与学术研讨活动,切实感受学科研究领域拓展和前沿领域问题研究进展,在清晰理解专业问题和核心观点的基础上,逐步建立有助于理解和感受高等教育专业问题的学科通识基础,并在此基础上逐步明确未来的研究领域。

## 三、博士研究生学位论文的创新性追求

对博士生而言,博士论文是其已具备科学研究能力以及科学研究发展潜力的学术证明,是在充分利用相关文献资料、数据和科学观点的基础上,在对国内外学术研究现状作出全面而客观的评述和把握的基础上,提出自己的创新性观点和结论。创新应该是博士研究生学术能力的集中体现,也是博士研究生学术成就的最好证明。

1. 博士学位论文的创新表现

尽管不同国家的博士生学位授予标准、不同学科的博士研究生培养方案内容彼此不同,博士研究生指导教师的指导风格和指导内容也各有差异,但在对博士论文创新性的要求上却采取了一致的立场。英国教授菲利普斯曾在吸收借鉴其他学者相关标准的基础上,归纳出博士论文"独创性贡献"的 15 种表现形式,如第一次用书面语言把信息的主要部分记录下来;继续前人做出的独创性工作;开展导师设计的独创性工作;在即使并非独创性的研究工作中,提出一个独创性的方法、视角或结果;在证明他人的观点中表现出独创性;将某一新方法应用于新领域;为一个老问题提供新证据;等等[4]。

通俗地说,博士论文创新的形式多样,对"创新"的理解可以多样化,也需适当"弱化"创新的神秘感。创新可以很宏观,也可以很微观。做一个简单的类比,假如把写作一篇博士论文比喻为建造一所新房子,建一所新房子是创新,设计出一扇新款式的窗户也是创新,为窗户安装一副新窗帘是创新,为窗帘新设计出一种新的安装方式,也是创新。

根据个人体会,博士生学位论文创新可以从论文选题创新、理论分析工具或研究方法创新、研究材料创新以及研究结论创新等方面努力追求。

论文选题是整个博士论文写作的起点,也是博士论文创新性追求的起点。从所选研究主题已被研究的情况,可大致将论文选题分为填补空白性选题、拓展性选题和总结超越性选题三类[5]。论文选题创新,即选择一个新的或较少被关注被研究的问题开展论文研究。在博士论文选题环节,不但要指导博士研究生在广泛阅

读文献资料的基础上，逐步聚焦自己计划研究的科学或技术问题，同时要从选题的学科拓展意义、理论推进可能性、技术创新或实践指导意义以及论文选题可能性的创新空间大小等方面综合判断论文选题的必要性和可能性。

分析工具或研究方法创新也是博士学位论文写作创新追求的重要内容。运用其他学科的概念或相关理论，运用一种新的理论工具分析一个就选题角度而言并不算新颖的科学或技术问题，往往也可以获得新的见解或研究结论。当然，不同研究视角的确定，不同研究工具的有效运用，有时也会让研究者获得新的认识，正所谓“横看成岭侧成峰，远近高低各不同”。研究材料(史料)创新是指在研究中运用新的文献材料或实证数据，对所研究的问题实施基于新材料或新数据的论证，以期获得新的研究结论。

如果说，论文选题创新是一种起点创新，新材料、新数据、新概念和新理论的运用是一种过程创新的话，那么研究结论创新就是一种终点或结果创新了。研究结论创新一般表现为，在科学或技术问题上提出前人未曾提出的观点，解决了技术发展的新问题。

创新性研究结论或研究结果的获得一般建立在选题创新或研究方法、研究视角、研究材料创新的基础之上，很难想象，一篇在选题或研究方法层面“乏新可陈”的博士论文能够获得创新性的研究结论。当然，我们也要认识到，拥有选题创新，或者研究方法创新，或者研究材料创新，或者二者、三者兼而有之，也并不能必然导致研究结论的创新。

2. 博士学位论文创新的实践探索

博士学位论文创新是在论文选题、研究史料收集、研究方法选用、研究视角确定、研究结论论证及获得等各个环节的一种研究实践行为，需要结合不同的研究问题、研究者专业基础和研究兴趣加以综合考量和实施。例如，就论文选题创新而言，鉴于国内已有研究以法国高等教育质量保障问题为博士论文选题者较少，为适应我国高等教育大众化背景下借鉴同为实施教育集权制管理的法国实现高等教育质量保障的有效经验，在尊重所指导的某位博士研究生研究兴趣与意愿的基础上，讨论确定以“法国高等教育质量保障体系的历史研究”为论文选题。在研究思路上，为体现承担法国高等教育质量保障主体责任的法国政府的作用，论文选取以政府层面的分析为视角，强化了该论文选题的创新色彩。论文作者还利用国家留学基金委公派研究生项目赴法国巴黎高等师范学校访学一年的机会，亲历巴黎大学、

ESSEC 法国高等商学院和一些企业进行实地考察和调研，利用社会学和人类学的研究方法进行实证研究。论文在梳理 20 世纪 80 年代以来法国高等教育质量保障体系建构历程、解析放权、干预、国际化、改革绩效与追求卓越等不同历史阶段法国高等教育质量保障体系构建主题的基础上，提出自主与责任为高等教育内部质量保障体系形成与发展的前提，评估法国政府是推动高等教育质量体系的杠杆，高等教育均衡化发展是实现高等教育公平与质量保障的统一，高等教育国际化和职业化是高等教育质量保障体系建设的新趋势。这些研究结论为我国实现大众化高等教育质量保障体系建设提供了有益借鉴。以博士学位论文《法国高等教育质量保障历史研究（20 世纪 80 年代至今）：基于政府层面的分析》[6] 为基础修改出版的学术著作《法国高等教育质量保障体系研究——基于政府层面的分析》由中国社会科学出版社出版，并获中国高等教育学会第九次高等教育科学研究优秀成果二等奖。

注重运用其他学科的概念和理论分析外国高等教育史的相关问题，也是我们在论文指导实践中较为强调的寻求论文创新的有效途径。一位博士研究生以“美国大学教师职业生涯发展”作为论文选题，选择以“知识分子”为研究视角，以“知识分子理论”为理论分析工具，通过对第二次世界大战后至 20 世纪 90 年代以学院知识分子为代表的美国大学教师职业遭遇的历史解析，诠释了以知识传播、科学研究、人才培养为主要职业责任的大学教师的知识分子品性。大学教师的知识分子品性既赋予大学教师职业以精神与价值的维度，同时也成就了大学作为知识之都的荣耀与光辉[7]。这一认识既深化了关于大学教师职业内涵的理解，同时从一个新的视角诠释了具有知识分子品性的大学教师之于社会进步、大学发展和学生培养的价值和意义。

2019 年我指导毕业的一位博士研究生选择以“中世纪大学生活”为研究问题，有效利用在英国伦敦玛丽女王大学访学的机会，充分利用其“中世纪大学资料库”丰富的文献史料，最终完成了一篇名为《追寻智慧之光：中世纪大学的学生生活》[8] 的博士学位论文，其中大量运用了中世纪大学章程、教皇教令、中世纪大学学生信函、道德手册、学生手册、学生毕业证书、原始手稿等文献史料。正是基于翔实丰富的文献史料，该博士论文得以对中世纪大学学生生活进行了深入而细致的解析。一位论文盲审专家曾对该论文做出这样的评价：论文“形成了中世纪大学学生生活，特别是学业和学习生活较为丰富的和立体的认识。论文尤其对学生入学前和求职就业阶段生活进行了研究，这在以往的研究中是不多见的。论文……是一篇优秀的博士论文。”

当然，有关博士研究生专业基础厚植、学科通识基础强化以及博士学位论文的创新性追求，都是基于博士研究生和指导教师在彼此尊重、平等研讨的过程中，在学术自由的氛围中开展的，因而构建融洽和谐的师生关系和探索创新知识的学习共同体至关重要。

## 参考文献

[1] Clark Kerr.大学的功用[M].陈学飞，等，译.南昌：江西教育出版社，1993:26.

[2] 伯顿·克拉克.高等教育新论——多学科的研究[M].王承绪，等，译.杭州：浙江教育出版社，2001:8.

[3] 陈学飞，等.西方怎样培养博士——法、英、德、美的模式与经验[M].北京：教育科学出版社，2002:121-122.

[4] 李申申，王森，等.中俄博士研究生教育比较[M].北京：人民出版社，2014:249-250.

[5] 高迎爽.法国高等教育质量保障历史研究(20世纪80年代至今)——基于政府层面的分析[D].上海：华东师范大学，2010.

[6] 张宛.美国大学教师知识分子向度的历史考察(二战后—1990年代)[D].上海：华东师范大学，2012.

# 第三编

# 注重教学相长

# 导师积极干预是提高培养质量的硬道理

陈廷柱

**陈廷柱**，华中科技大学教育科学研究院院长、教授、博士生导师。已培养博士生 10 位。

我 2010 年开始招收高等教育学专业博士研究生，已毕业的学生数量不多，人才培养方面也没有标志性成果。承蒙中国高等教育学会厚爱，并基于学院学科特点与个人岗位职责方面的考虑，就关于如何培养高等教育学专业博士研究生的问题，我也谈点想法。想要表达的核心观点就是四个字，即“积极干预”。没有导师的积极干预，就没有可靠的人才培养质量；不敢积极干预的导师，就不是好导师。

## 一、我所说的积极干预

我在读博士的时候，对“导师是珠宝商还是开发商”之说，就有所耳闻。大意是：博士生导师的主要任务是鉴别，能够判断学生论文是好是差即可。我也接触到一些导师，会很负责任地将学生论文中存在的问题一一指出来，但是对学生论文应该如何修改和完善却不会给出具体意见。还有一种说法，与“师傅领进门，修行在个人”的意思较为一致，强调到了博士阶段就必须靠自己，该读什么书、该怎么写论文等都是学生自己的事。

对此不好一概而论，因为在如何指导博士生的问题上，肯定存在学科差异。某天出差回来，路上我意外收获了一个电子打火机，让我感触颇多。喜欢抽烟且经常出差的同志，对机场特定场合的点烟设备应该不会陌生，也会有出机场之后经常找人借火点烟的经历。电子打火机就是依照机场点烟设备的原理，并针对这个特殊人群所开发的专用产品。我之所以有感触，是因为即便是我们这些从事教育研究的人，只要有类似经历，并冒出这样一个观念来，就不愁开发不了这款产品。我也由此想到了为何理工科的导师经常强调 idea 的重要性。对他们所从事的研究工作而言，有了好的 idea，就如同找到了金钥匙或捅破了窗户纸似的，接下来的事学生自己就可以处理了！

在我看来，这肯定不是普遍事实，理工科的大量研究工作仍然需要导师的全程指导与参与。做我们这行的都知道，别说是导师给出 idea，即便是导师把会议报告的演示文档交给自己指导的博士生，学生也极难写出让导师满意的文章来。事实上，就是导师本人将某个想法或有较多思考的报告文档写成学术论文，也不是件容易的事情。鉴于高等教育学的培养对象、目标任务与特点、性质等方面与理工科大为不同，对于需要学生完成的研究任务，导师应努力做到及早干预、全程干预和深度干预，这就是我所说的“积极干预”。

所谓“及早干预”，即学生往哪个学术领域发展和确定什么研究题目，不能任由学生自己去摸索，至少不能让学生自我摸索的时间过长。在此问题上，强迫学生不妥，放任学生更糟糕，有意识地引导和磨合是上策。导师将学生引向一个有价值的研究领域，或许比指导学生写出几篇好论文更重要。导师面对学生提交的研究成果，最伤心的恐怕是因为选题不当而让学生放弃修改。

所谓“全程干预”，即导师要不断地跟踪和关注学生的研究进展情况，对学生调研与写作过程中遇到的关键问题，要适时地予以指导并解决。在此问题上，要是等学生写出来再说，或者是学生等写出来再去找导师，都是非常危险的事情。导师与其对着学生的论文初稿拍桌子骂人，不如多关心学生的研究过程。导师如果反复多次让学生把写出来的文章推倒重来，学生难受，自己也窝囊。

所谓“深度干预”，即导师在必要的研究环节或章节，要与学生一道分析资料、进行调研，既帮学生出思路也为学生出思想，既向学生指出改什么也告诉学生怎么改。在此问题上，导师不用担心是否介入太深，反而要考虑自己的指导意见是否高明。导师如果像某些医生因顾虑医患关系而倾向于保守治疗那样，不愿或不敢替学生觅方向、拿主意与定方案，一定是师生关系出了问题。导师如果还需要提防自己指导的学生，岂不悲哉！

## 二、为何强调积极干预

近年与兄弟高校的导师们偶尔谈及学生培养之事，听得比较多的还是强调导师的自我保护。指导博士生似乎已经成了高危行业，学生中若有心理抑郁的、延期毕业的或超期清退的，即便学校不会倒查责任，导师肯定也有压力。据传某些颇有名气的博导们，就属于“珠宝商”那种类型。学生报来的选题，一遍又一遍地打回去，直到自己满意为止；学生交来的稿子，一遍又一遍地让学生修改，直到感觉差不多了自己才看。如此做法,有的还成了佳话,因为导师严啊!更有可能的是,好论文也许就是这样诞生的。我们都清楚,越是写得好的博士学位论文,导师在文字上给予的帮助往往越少。至于其他方面,导师越是如此严格,是否效果必然越好?我看还是要因人而异,不可盲信盲从,否则会苦了很多学生。

鉴于以上情形,结合自己所见所想,陈述三点我强调积极干预的理由:

首先,积极干预是导师之"导"的应有之义。导师之导,是引导。学生走向哪个研究领域、确定哪个研究题目、如何搭建研究框架和如何实施研究计划,导师原则上要加以引导。既不要听之任之,也不宜直接来硬的。引导的过程是对学生进行定向与提升的过程,也是对学生进行测试与磨合的过程。如果引导足有成效,那就皆大欢喜,学生学业顺风顺水,导师也会颇有成就感。然而,引导需要时间,更需要耐心,也未必可见水到渠成之功。所以必须明白:导师之导,是指导。指导与引导相比,多了一些强迫的意味,学生对于导师的指导意见原则上是要接受的,并应在自己的研究成果中体现出来。指导与引导相比,还多了一些确切的成分,导师对于学生所从事的研究工作,既要明确指出其不足之处与问题所在,也要告知他们继续努力的方向和如何修改的意见。若再比较导师与教师、博士生指导教师与博士后联系教师两组概念的不同则可看出,博士生导师对学生的指导就不能是原则性的,仅告诉学生大致的方向与思路,不能算是尽职尽责。博士生导师对学生的指导也不能是消极的,只是回复学生这样不行或那样不妥,也不是一位好导师。此外,我还想特别主张:导师之导,是领导。既然是导师,正常情况下就要招收多届学生与多位学生。面对一定数量的学生,导师眼里既要有个体也要有集体。涉及集体之事,就需要谋划与组织。有谋划、有组织地对待学生指导事宜,显然有别于一对一的指导策略,也不同于一加一的指导效果。这就是导师的领导行为,也是导师的领导力在发挥作用。即便是对学生个体,在领导这个意义上,导师的责任还真不是"指导"所能详尽的。作为导师,别说是论文选题与写作框架,就是发文章、找工作,该替学生决策时也不能含糊。我们都有过当学生的经历,导师怕承担责任或担心学生以后遇到什么难题而回过头来埋怨自己,对与学生相关的事务总是以第三方的态度原则性地给出几点意见,是不会真正赢得学生信赖和尊重的。也许是自己的性格使然,我对我的学生向来是毫无保留。即便不是学术上的问题,有什么想法与点子,我也会讲出来。学生拿不准的事,只要找我,我不会绕弯子,替他们拿主意也是家常便饭。

其次,积极干预是学术事业发展之所需。一个人的能力是有限的,一个团队就大不一样。导师若能围绕某个研究领域或方向,从团队建设的角度来思考如何指导自己的博士研究生,或许情况就大不一样。有很多导师,指导了一辈子的博士生,也未必有那么几位学生在某个领域或方向有系列研究成果。也有一些导师,自己在某个领域或方向很有学术成就,可说到其指导的博士生,则未必与其研究有多少关系。在我国,师生关系可能和睦久远,而师承关系则不好恭维。何以如此呢?我认为,导师不曾想、不便于或不屑于积极干预自己指导的博士研究生,或许是较为重要的原因之一。A 学生往 A 领域或方向走,B 学生往 B 领域或方向走,C 学生往 C 领域或方向走,导师只是考虑学生论文选题是否有价值和能否做得出来,而不关心与自己的研究专长是否一致,也没有和学生一起占据、拓展或开辟某个研究领域或方向的计划,自然会出现以上结果。所以,从学术事业发展所需的角度讲,积极干预尤为重要。只有积极干预,众多学生中某些学生才有可能围绕某个领域或方向撰写博士学位论文,如此才有可能持续深化某个领域或方向的研究。其实我们这些从事高等教育研究的,能在少数几个领域或方向,有所专长已是不错了,也不是所有与高等教育有关的研究任务,我们都可以指导得了的。有经验的导师,总是有办法让学生在某个时段向某个领域或方向聚集,既有助于个人学术事业发展,也可以更有把握地指导学生。自 2009 年我开始关注院系设置与治理研究以来,有几位博士生毕业论文的选题属于此领域,当然更多的还是我指导的硕士学位论文属于该领域。此等做法未必适合每个学生,我也不是千篇一律。我衷心希望通过博士招生考试制度改革,让对某个研究领域或方向感兴趣的考生能够栖身于具有相应专长的导师门下,从而在学生学业需求与导师学术事业发展之间形成良性互动。这个时代,更需要专家,而不是杂家。当然,我坚决反对以积极干预的名义让学生的研究纯粹为自己的课题服务,也对某些学校明文规定学生的博士论文选题必须有导师课题支撑的做法深恶痛绝。

最后,积极干预有助于构建良好的导学关系。我国的本科教育阶段有教师教学投入不足的问题,研究生教育阶段有导师指导不足的问题,有关原因与影响也较为接近。强调积极干预,首要是说导师在指导方面应加大投入。所谓导学,关键也是导师对学生的学业指导。有些导师对此问题的理解就有偏差,对学生的学业指导得过且过,却在其他方面尽量护着自己指导的学生,努力为学生敞开各种方便之门。这种情况必须警惕,不能因为在学业上积极干预学生,反而给导学关系蒙上一层阴影。作为学生，一定要明白，只有经过博士阶段的严格训练，自己将来的职业生涯才能够受益终身，才是自己最大的利益。也有导师认为，博士生在生理年龄、心理素质与研究基础等方面已是可以单兵作战，正是需要独立思考和自由空间之人，与其强调积极干预，不如放手让学生自我探索，只要学生能交出令人满意的研究成果就行。对此，也必须从学生的角度多考虑他们的感受。导师有传道、授业与解惑的责任，而不只是交代任务、督促检查和负责验收。他们读书也有时间成本，不能一遍不行就两遍，一年不行就再来一年。关键的时候，导师就得贡献自己的智慧，为学生排忧解难，尽量让他们早点毕业。而且，从事高等教育研究不是纯粹的技术活，部分学生因为缺少工作经验和生活阅历，对一些研究任务没有感觉或理解不深。导师有这方面的优势，和学生一起决断研究思路、架构和观点，自然也是情理之中的事情。说白了，积极干预就是多为学生着想、多为学生指路和多为学生出力，如此这般，导学关系能不融洽吗！导学关系有问题的，从导师方面来看，往往是过于消极、全面漠视造成的。若导师在各个方面均能够积极关心和支持学生，导学关系自不必说，博士生培养质量也会较有保障。

## 三、如何做到积极干预

知易行难，行胜于言。真正做到积极干预，谈何容易！对此，我自己深有体会，也颇有遗憾。在聘为博士生导师之初，确实有一些想法与计划，认为自己能够带好学生，并同时在某个研究领域或方向有所成就，争取申请一个大项目，发表系列相关研究论文，就某个专题与学生一道出版一套学术丛书。几年打拼下来，与学生相处得还比较和谐，带领学生在院系设置与治理研究领域出了一些研究成果，邀请该研究领域的重要学者组织召开“中国院系设置与治理改革学术研讨会”，也征集了10余篇中国高校的院系治理改革案例并正式出版。然而，与自己想要达到的目标相比，与前面所说的积极干预之要求相比，更多的还是遗憾。没有想到的是，自己要处理的事情越来越多，自己也没有办法免受各种诱惑的侵袭，因此用于指导学生的时间和对于学生学业规划的期望，就存在着较多的不确定性。

放大以上经验与经历可知，要做到积极干预，既需要外部支持，也要自己努力。

其一，强化外在制度约束。积极干预的做法，若要持之以恒，少不了制度约束。导师对学生的指导，是高度个性化的行为，并成为彼此根深蒂固的理念。这种局面长期维持下去，倾向于积极干预的导师很有可能走向表面上是“学生中心”而实为明哲保身的指导风格。导师也是肉身凡人，受同事同行的影响不可避免，有制度化的规约，才可以起到保护和示范作用。从当前博士生培养的政策要求来看，加大并细化导师责任是大势所趋。近些年，各高校特别重视博士生培养过程管理与毕业学位论文质量，出台的相关文件非常之多，总体上是有利于导师积极干预的。存在的问题是，相关规定也同时压缩了导师个性化指导的空间与权利，处罚导师的条款也较多较重，这可能诱致导师采取防卫型和形式化的指导策略以应对学生学业要求及相关事项。因此，在强化外在制度约束之时，要充分审视博士生培养与学位授予制度的逻辑前提，并根据实际执行情况加以适时调整。导师不容易，乐于积极干预的导师必须受到制度性庇护，也要避免繁琐的程序与手续以及可能的处罚所造成的负面影响。

其二，坚持正确舆论导向。必须承认，导师积极干预是要承受较大风险的！题目没有选好，学生怎么努力也可能于事无补；理论基础与研究方法没有找对，学生就有可能面临前功尽弃的困境；框架结构与基本观点出了问题，学生就有可能承受反复调整与修改的折磨。此外，因高等教育研究学术成果评价有较多主观性，即便导师指导有方，也未必能保证学生学位论文评审或回答不出问题。所以，导师与学生之间有隔阂或摩擦，实属正常。而且，媒体抹黑教师群体形象或恶意虚构因果关联的事情，并不少见。早几年，批评教育学生这些原本极为平常的事情，也让一些教师感到担惊受怕，以至于国家还要出台红头文件来捍卫教师的惩戒权。但既然倡导积极干预，就不能怕有这方面危险。只是希望社会舆论不要添油加醋，敢于负责的导师，喜欢挑战的导师，应得到广泛支持。

其三，谨记教学相长之道。导师的最大优势是可以和自己指导的博士生一起做一些事情，教学相长之道最容易体现在博士生培养的过程之中。积极干预的关键在于导师与学生共同提出研究问题、共同推进研究过程和共同实现学术发展，能真正做到与学生一起成长的导师是智慧而有效率的。学生博士学位论文所涉及的研究主题或问题，我们可问问自己是否了然于胸。若是，且多数情况如此，那我们一定很了不起！所以，正常情况下的积极干预，对师生双方都是有利的。问题在于导师要应对的任务较多较杂，学生也各有特点与需求，“共同”起来的难度较大。当然，也不排除一些导师就没有这方面的意识，导师学术研究与学生论文指导分离，即便导师很投入，效果也不会很好。其实我也纠结，什么事都自己来处理，指导学生的时间就没有保证。完全不考虑学生的特点、想法与需求，我也做不到，故还是需要从博士招生开始就有所选择。再强调一点,导师不可拿博士生当“小白鼠”,让学生拿博士学位论文为自己去“试水”某个研究领域或方向,或者是去独自应对某个研究项目。无论怎样,“为了学生”应成为积极干预的前提条件与基本使命。积极干预也有异化的危险,需要警惕!

其四,重视学术生涯规划。导师没有相对固定的研究领域或方向,是执行或推广积极干预做法的短板所在,也是制约我国提升高等教育研究专业化水平的重要因素。高等教育研究的范围较为宽泛,有关导师的研究任务与兴趣经常处在“漂移”状态,对学生的博士学位论文选题也不大考虑特定研究领域或方向需求。就此情形推断,说得难听点,很多时候导师对学生的指导,比两位新手之间的合作也好不到哪里去。所以,作为导师必须要有自己擅长的研究领域或方向,至少在某个阶段要相对集中地研究一些问题。只有这样,才有条件招收有同样研究基础与兴趣的考生,才有能力积极干预愿意与你携手共进的学生。这些,归结为一点就是我们要重视学术生涯规划。自己往哪个研究方向或领域发展,值得研究的具体问题有哪些,需要什么样的项目或论文来支撑,如何让自己指导的博士生逐步参与进来等,均需要审慎规划和努力坚持。我也知道,即便走到博士生导师这一步,还是会受到这事那事的拉扯,执行自己学术生涯规划并不容易。然而,想与不想,做与不做,还是有很大区别的,凡事尽力而为便好!

# 导师可否为博士生指定学位论文题目?

陈洪捷

**陈洪捷**,北京大学中国博士教育研究中心主任,教育学院教授、博士生导师。已培养博士生约30位。

博士生写博士论文首先要有一个题目,题目的好坏,与博士论文的质量有着密切的关系。没有好的选题一般就写不出好的论文,而好的论文肯定有一个好的选题。所以选题很重要,但选题又很难,因此需要导师的指导。导师如何指导博士生选题是需要讨论的问题。

## 一、博士论文"命题作文"的利弊

有不少博士生导师出于种种原因,喜欢为其博士生指定学位论文题目。常见的原因是导师自己手中有课题,因此要求自己的博士生承担课题工作,有时一名博士生承担整个课题,有时几名博士生共同完成课题。这些导师觉得让博士生参与课题研究,一是给学生参加科研的机会,二是从事课题研究本身也是一种很好的学术训练,三是博士生既完成论文也帮着导师完成了课题。一举三得,何乐而不为?还有一种情况,就是博士生本人由于找不到题目,或没有能力找到研究题目而苦恼、而拖延,所以导师为其指定一个题目,以便博士生能够赶紧开始其研究工作。很多导师还认为,博士生参与了课题论文也会得到课题组的支持,无论对个人成长,还是对论文的完成都有好处。

导师在以上情况下给博士生指定题目,当然有其道理,可以理解。特别是从培养效率方面,这一做法尤其见效。

但是这里有一个问题,导师依托课题给博士生分派论文题目,通常会直接用项目的题目代替博士论文的题目。举个例子,导师申请到一个重大课题,题目是大学入学制度国际比较研究。导师会让三名博士生分别研究甲、乙、丙三国的大学入学制度。这里的问题是,三名博士生虽然有了博士论文的题目,但这个题目中并不包含内在的研究性和探索性问题。简单地说,这是一种有研究对象而无研究问题的题目。在这种情况下，博士生当然省去了寻找题目之苦，很快就可以上手进行论文的写作。但是由于缺乏内在问题的牵引，这类论文就成为对于入学制度的演变、发展、变化、特点的描述，并提出几点泛泛的建议。这种论文虽然提供了大量的信息，也满足了课题的需要，但并没有围绕一个问题进行分析，所以也没有回答一个具体的问题。这类论文题目比较常见，这与导师指定论文题目很有关系。

## 二、博士生自主选题的意义

以上关于“命题作文”利弊的讨论，还都是表层的问题。更关键的问题是，导师为博士生指定学位论文题目实际上是一种“偷工减料”的做法。

博士生阶段是一个科研的训练过程，而科研训练是一个复杂的过程，其中包括提出问题、制定研究方案，分析或论证问题，并最终解决问题等。这三个环节各有侧重，都很重要。但我觉得，提出问题这一环节尤其重要。

众所周知，提出问题是科学研究的起点，重大的科学进展，或一项好的研究，通常都是以提出好问题为前提的，这种例子不胜枚举。爱因斯坦说：“提出一个问题往往比解决一个问题更重要，因为解决一个问题也许仅是一个数学上或实验上的技能而已。而提出新的问题、新的可能性，从新的角度去看旧的问题，却需要有创新性的想象力，而且标志着科学的真正的进步。”爱因斯坦的说法也同样适用于博士生选题。有了好的选题，才有可能写出一篇高质量的论文。一个没有新意的选题，不可能写出高质量的论文。而提出一个好问题，正是博士生学术训练的第一步。

博士生作为专业新手，当然要接受方法、技能、论证、写作等方面的训练，但更重要的是要具备专业的眼光，在研读专业文献的基础上，在知识前沿的丛林中捕捉到有价值的研究问题。这是一个很复杂的训练过程。第一步是对专业文献的熟悉、鉴别和分析，没有比较广泛的专业阅读，没有追踪前沿的专深阅读，就无法辨别什么是问题，无法判断什么是值得研究的问题。很多博士生都有这种经历，觉得自己不断地看文献，耗费了大量的时间，但就是不知道方向在哪里、问题在哪里。第二步是在反复阅读思考的基础上，终于找到了问题。找到最初的问题，往往还需要反复比较，进行新一轮的阅读，最终确定题目。而这一步意味着一个转折或飞跃。总体来说，这是一个艰难、曲折的过程。博士生是在一个既熟悉又陌生的领域进行探索，熟悉是因为他有了一定的专业阅读基础，陌生是因为他还在寻求目标。在这一过程中,博士生需要将头脑中已有的知识与外在的事实建立起联系,经过不断往返地试错,最终锁定一个问题。

能提出一个有价值的研究题目,说明该博士生已经跨过第一道门槛,真正进入研究之路了。西方大学招收博士生,通常要求申请人撰写选题报告(proposal),就是让博士生阐述自己的研究问题。而通过这种阐述,就能判断申请人对所在专业的熟悉程度,对专业问题的把握和判断能力,以及把握前沿学术问题的敏锐度和学术品位。这一做法在很大程度上就是根据“选题”来判断一名申请者的学术潜力。

如果博士生不用自己去找题目,只是接受了一个现成的题目,情况就完全不同了。题目可能很好,但毕竟不是自己探索的结果。博士生拿到题目,当然也要去阅读专业文献,但这种阅读不是广泛的、探索性的阅读,只是围绕自己的题目去阅读,阅读服从于既定的目标。而且有的导师还推荐有关的书目和文献,省去了博士生自己搜寻相关文献的过程,便于博士生很快进入研究状态。在这种情况下,博士生省略了一个自由而曲折的探索阶段,同时也失去了独立地选择、捕捉问题或提炼问题的训练过程。这一过程虽然看似吃力不讨好,既耗时间又痛苦,但恰恰是科研素养训练的基础部分。没有这个基础,其后的学术训练更接近技术性、操作性、程序性训练。在给定题目的前提下,博士生的早期研究更多是线性的,应该说是一种简化版的学术训练。

参与课题本身没有问题,做课题和博士学位论文相结合也没有问题。但导师应当有意识地给博士生一个自己探索、搜寻的过程。如果需让博士生参加导师的课题,最好也能让博士生在课题的范围内自主选择题目,这样也可以有一个选题的训练过程。

重要的是,通过摸索而独立提出的问题,往往可能是让本人心动的问题,其背后会多一些好奇、冲动和激情。这些非认知因素恰恰是科研的重要支撑力量,往往也是高质量研究成果的必备条件。有人做过研究,发现自主选择学位论文题目的博士生,具有更强的学术创新能力和发展潜力。而做命题作文的博士生,更多的是在给定的框架和设计中进行研究,难以获得自己探索研究问题的激情体验,同时也失去了培养学术想象力和科学探索精神的最佳机会。

当然,让博士生自己找选题、定题目,并不意味着导师就可以袖手旁观,坐观其成。博士生在探索和思考过程中,其实很需要导师的帮助。导师可以在博士自主探索的过程中,及时地给予点拨、提醒,帮助学生理清、调整思路。表面上是博士生自己找到了研究问题,其实是在导师的帮助和参与下完成这一目标的。让博士生自己选题目,导师不是不作为,而是需要投入更多的精力和时间。博士生在导师的指导下,经历“山重水复疑无路”的过程,最后达到“柳暗花明”的境界,这会是一种非常难得的学术探索体验。

总之,为博士生指定研究题目还是让博士生自己找到研究题目,看似是一个无关宏旨的问题,但对博士生的培养却至关重要。为了方便、省事,或为了效率,固然可以让博士生做“命题作文”,但这无疑是对博士生培养过程的一种简化。这种简化代价甚大,很不可取。我相信,一种完整的、扎实的博士生学术训练,必须包括早期的独立提出研究问题的探索过程,否则就只能算是打折的博士生教育。

# 为学·传道·建场：学习成为博导

陈·巴特尔

**陈·巴特尔**，南开大学周恩来政府管理学院教授、博士生导师。已培养博士生17位。

回顾八年博导经验，可以总结为六个字，即"为学""传道""建场"。"为学"就是探索学者成长之路，学习成为一名博士研究生导师；"传道"就是给博士研究生传道授业，指基于学科、学校、学生去实践传道授业；"建场"就是构建学术场域，指利用群体动力、团队力量来达成育人、生产本领域新知识之目标。

## 一、学习成为博导：从敬仰导师到欣赏学生

回顾自己从博士研究生到博士生导师的20年经历，觉得一位博导的成长和一个人的学术生涯会经历从崇拜导师到自我欣赏再到以学生为豪这三个阶段。在决定报考博士研究生之前，我们每个人会经历一番慎重的选择过程，主要包括选地区、选导师、选专业。其中，我个人以为导师的选择最为重要，不仅关系到今后博士研究的顺利开展，而且会影响未来的学术生涯。除了导师所在院校的声誉、导师身上的各种光环外，最重要的一点一定是导师的为人为学。如果我们把博士阶段的学习、研究视为踏入学者之门的必修课，那么崇拜导师的为人为学，学习导师的为人为学无疑是你迈向学者的第一步，开启学术生涯的第一个阶段；通过课程学习、选题开题、开始写作这样的程序，我们将迎来一个"唯我独尊"的关注自我的阶段，待到答辩结束、手捧文凭时，无疑会达到或者必须达到一个自我欣赏的"境界"。开题讨论、笔耕不辍让你和导师接触增多，你和导师的焦点越来越集中于你的论文，你也从"依赖导师"转向"自力更生"。这时，你对导师的崇拜与敬畏日益趋于理性，在心理上会经历一个从"晕轮"到"祛魅"的过程。虽然博士论文写作异常艰难，答辩结束后有一阵子甚至不想再去翻阅那本倾注了你很大心血的厚厚本子。但是，随着就业任教，对博士论文的完善与出版就提到议事日程。在某种意义上，与博士论文相关的主题将是你未来很长一段时间内主攻的领域，你所思所想、所言

所行都会围绕这个领域展开。由于博士论文是你在导师指导下独立完成的成果，而且需要你具有一定的创新性。因此，你对本领域知识生产的贡献会使你在业内"小有名气"，越来越多的学者或研究生会引用你的成果。直到你成为教授博导之前，你会在自己开垦的这个田地里辛勤耕耘，自得其乐，而且会在学术共同体内辩护自己的论点、传播自己的思想。无论是在学术会议上，还是在课题研究上，你都会自觉不自觉地把重心、焦点放到这个自己得心应手的问题域内，乐此不疲，自我欣赏。而当你开始博导生涯时，你慢慢会进入欣赏学生，以学生为豪的阶段。无论你是通过学生来实现自己未竟的事业，还是引导学生探求未知领域，你都会因为学生迟到的"顿悟"而焦急，也会因为学生的"豁然开朗"而欣喜。从此，学生的一切，从学业到开题，从论文写作到工作就业，从交友到成家，都会有意无意地成为你大脑里最活跃的神经。同行相见谈论的话语，回家闲聊提到的主题都会或多或少地与你的学生尤其是博士研究生相关。无论是能够遇到一个有"学术天赋"的学生，还是将一个"外行"锤炼为"内行"，尽管挑战你的智商与情商，但都会是一件引以为豪的事情。这个充满艰辛的培育博士与知识生产的过程将延续到你退休，当他们一个个由崇拜"老板"走向"欣赏"自我的时候，甚至学生自己成为"老板"的时候，你将跳完博导的"三步曲"。

## 二、实践传道授业：从修习经典到扬长补短

从人际关系的角度来看，导师是博士生最重要的他人。导师不仅要和学生建立良师益友型的师生关系，而且还要和学生一起研修经典，根据学校、学科、学生的实际，传经授道。具体而言，就是要把握学科特征，指导学生研修文史；就是要基于学校实际，扬长补短；就是要根据学生的基础，因材施教。高等教育研究，无论作为学科，还是作为领域，具有三个重要的特征：第一，它所研究的高等教育不同于其他层次与类型的教育，它与社会的政治、经济、文化、科技、人口等关系密切，非采用多学科方法去探索不可。第二，它所研究的分科授业型高等学校，其原生机构——大学，与教会一样是人类最古老的社会机构。若从 1088 年建立的博洛尼亚大学算起，至今已有近千年的历史，其产生的时间远远长于民族国家的历史。在某种意义上，一部高等教育发展史就是一部人类社会的变迁史。无论学生来自哪里，不管其过去所学的专业为何，博古知今，察远照迩，研习全球通史、本国历史以及包含高等教育在内的教育史料是必修科目之一。第三，它所研究的各国各地高等教育多种

多样,演变道路、本土特征各异,在全球化之前各方高等教育所探求的高深学问因其所依的文化而大相径庭,需要从跨文化的视角,以"各美其美、美美与共"的态度去理解、解释。而作为承担高等教育主要功能的大学,是不同于其他社会机构的特殊组织,其内在的特征与价值需要通过文化分析的方法,方可会其要领。为补充学生关于中外历史与教育文化的知识,我在开设专业课的同时,采取1+2(一门课加两本经典著作)的方式,和学生一起研读相关的重要著作。像《全球通史:从史前史到21世纪》(L.S. 斯塔夫里阿诺斯著)、《管理思想史》(丹尼尔·A. 雷恩等著)、《中国高等教育史论》(涂又光著)、《知识转型与教育变革》(石中英著)等都是学生课下阅读、课上讨论的必修书目。这样,不仅可以打好学生的人文底蕴,而且可以让学生在古今中外历史文化的时空交点中全面而深入地思考其选题。除此之外,还需依据所在学校、所带学生的实际,扬长补短。2014年,南开大学为了集中资源发展重点学科,对高等教育研究所进行了撤并,撤销了其所拥有的高等教育学、教育学原理两个硕士点,将其合并到周恩来政府管理学院,并在公共管理学一级学科下设立了教育经济与管理专业的硕士及博士点。这就意味着原来高等教育研究所的老师、学生都要从教育学的范式转到管理学的范式上,面临着极大的挑战,为此,基于学校、学生实际,把握学科特点,扬长补短就显得十分重要了。南开大学周恩来政府管理学院现在虽然没有教育学科,但它是一个跨学科的院系。周恩来政府管理学院成立于2004年,是一个涵盖政治学、社会学、公共管理学、心理学4个一级学科,9个博士专业,3个一级学科博士授权点的综合性专业学院。这样一个多学科的专业学院正好与高等教育研究的多学科特性不谋而合。因此,鼓励博士生主动选修其他专业的课程、主动向别的学科老师求教、邀请别的学科专家参加博士生的开题及答辩就成了我们的传统。无论是与别的专业同学一起上大课,还是学院里多学科学术活动,都会有形无形地培育学生多学科的视角。高等教育研究所被撤并,是一件令人惋惜的事情,但学生却也受到院里多学科的熏陶与影响。本人指导毕业的三位博士研究生就得益于此,分别采用政治学、组织学、公共政策学的范式与方法完成了高等教育管理方向的学位论文。"塞翁失马,焉知非福"。不少高校高等教育研究所或者取消、或者升格、或者合并,各校情况各不相同,师生们若主动适应,扬长补短,还是可以发掘新的生长点,在某种程度上,很可能更适合高等教育领域研究。只是百年南开,建校之初就有的教育学科如今因为学科发展权重的考虑而被撤销,令人倍感无奈和惋惜。

## 三、构建学术场域:从小组研讨到群体动力

对于博士研究生的学术研究与人生成长来说,除了导师指导、所在院系服务与个人的努力之外,以师生为纽带建立的学术场域,发挥群体动力的作用十分重要。群体动力学(group dynamics)又称团体动力学,由心理学家勒温提出,它用整体的视角来研究团体和个人的行为。它包括团体特征研究(团体性质、结构、目标、内聚力、压力等)和团体关系研究(团体与成员、成员之间、成员与领导)两个部分。无论是特征研究,还是关系研究,其发生的环境为“场”。这种场会产生一种力量,从而或多或少影响人的行为,使人的行为具有社会性。这种由团体成员之间互动而形成的场力表现在两个方面:第一,它是一种氛围,对其成员形成吸引力或者排斥力;第二,它是一种力量,对其成员形成凝聚力或者压力。无论是氛围,还是力量,都会影响团体以及成员的效能和各自目标的实现。导师在刚刚招收学生时,除了与其单独会谈外,常常以组会方式组织学生研讨,经过3~5年的积累后,导师名下的学生多起来了,导师需要发挥群体动力的作用形成学术氛围,培养一种积极向上、实事求是、思辨求新的求学精神。首先,要建立一个所有成员共享的微信群,这个群就是一个团队成员互动的场域。这里不仅仅是导师“发号施令”的地方,更是同学、师生之间平等交流、互动的场所。导师会充分利用这一平台,与学生分享自己的研究体会,推荐一些不错的论文给学生阅读;就课程学习、开题陈述、论文写作过程中普遍存在的问题进行解惑答疑;将本领域最新的国内外学术信息如讲座、会议告知学生,并鼓励学生积极参加;对于团队成员的优良表现如发表论文、会议发言、出国交换、获得奖励等及时肯定表扬。其次,建立从入学到毕业的常规学术活动机制,征求团队所有成员的意见及建议后约法三章。这些规定动作包括开学季迎新活动、经典名著阅读会、学位论文开题预备会、学位论文预答辩、学年中期汇报、毕业季老生欢送会、学年末期汇报。在这些活动中,通过发挥团队精神与朋辈辅导作用来培养学生的学习、研究能力,学术素养,沟通能力和合作精神。通过几年的探索与实践,这些机制的成效逐步得以显现。再次,创设学术交流机会,利用场外资源激活场内活力。本人利用国内外学术资源,不断给学生提供对外交流的机会,鼓励学生走出本院,走向校外,乃至国外。2012年本人发起并首创“天津市高等学校教育学科研究生论坛”,目前该论坛已连续举办八届,由天津市具有教育学科研究生学位授予权的高校轮流举办,本团队的多名研究生获得论坛一等奖;

2018年与澳大利亚麦考瑞大学、纽卡斯尔大学合作举办“第二届亚太地区原住民及少数民族高等教育论坛”，本团队学生不仅参与组织论坛，而且还撰写、报告论文；利用博士开题、答辩机会，邀请国内外著名学者如北京大学陈洪捷、中国人民大学周光礼、美国匹茨堡大学 W.James Jacob 前来办讲座，积极鼓励学生与这些学者交流互动。最后，创办团队简报，对于本团队成员的学术活动及时进行反馈。目前，这份简报已经办到第七期，全部由研究生自己设计制作，每人负责一期，从平日收集素材到参与学术活动再到最后的编辑成稿，全部由当期责任编辑自己亲力亲为。简报里特别要求对于学生获得的学术成就如各种奖学金、研究生论坛获奖等给予及时的报道与褒奖，从而在群体里形成互动与竞争的态势，以便发挥群体内聚力对于群体成员的影响作用。总之，通过上面四种方法即建群、定规、筑台、创刊，可以构建一个学术场域，为团队成员提供一种追求学问的学术氛围和你追我赶的群体动力。与此同时，如何在建构学术场域过程中关照学生的多样性和个性特征，避免团队成员产生排斥力与过大压力也需重视。

总之，高深学问的探索是一个充满好奇、具有挑战，同时需要付出艰辛劳动的过程，而各门学科高深知识的生产就是在这一过程中由导师指导研究生完成的。根据我自己的经验，一位博导的成长需要经历从敬仰导师到欣赏学生的“三步曲”，而博导的作用在于“为学”“传道”“建场”。以自己的为学为人来给学生以示范作用；基于“三学”即学科、学校、学生来教书育人；建设一种学术场域，为学生提供一种追求学问的“氛围”与“动力”。

# 基于高等教育学科特点培养博士生

赵婷婷

**赵婷婷**，北京航空航天大学人文社会科学学院教授、博士生导师。已培养博士生7位。

当前高等教育学科的博士生培养面临很多问题和挑战，对博士生培养中的一些问题，学术共同体内的看法可能存在较大差异。究其原因，一是高等教育学科是一个比较年轻的学科，用有些学者的话说是“正在走向成熟的学科”，因此对学科发展的一些问题还没有形成共识；二是高等教育学科的博士生导师群体是一个异质化程度较高的群体，他们在教育背景、知识结构、工作经历等方面都存在着较大的差异，比如本学科中不是教育学科出身的导师占比较高，甚至有很大一批导师来自于与教育学科差异较大的理工类学科，也有些导师具有长期从事教育行政管理工作的经验，不同的教育背景和经历必然导致他们对一些学科基本问题看法上的差异；三是进入到高等教育学科学习的博士生群体异质化程度也较高，由于这一学科知识体系的系统化、结构化程度不高，相对别的学科来说入学门槛较低，因此跨学科甚至跨门类、跨科类学习的学生很多，而在这些学生中很多人抱着比较明显的实用日的而来，表现出较强的功利化倾向，这使得博士生群体的学习动机也存在着较大的差异。这些差异都是客观存在的，对高等教育学科的博士生培养既是挑战也是机遇，只有直面挑战，从高等教育学科自身的特点出发，才能切实提高博士生培养质量。

高等教育学科的特点历来是本学科学术共同体成员关心的话题，笔者并不想从理论上对其进行论述和分析，而是期望能够结合这一学科的特点，对博士生的培养提出一些建议和设想。

## 一、高等教育学科的实践性与博士生实践意识的培养

不只是高等教育学科，整个教育学科的实践性比人文社会科学的一些“母学科”如哲学、经济学、政治学等的实践性都更强。究其原因，可能是因为高等教育作

为一种实践活动,其范围比政治、经济等其他社会活动更为清晰,而且前者会比较多地受到后者的影响。从某种意义上说,高等教育是一定政治、经济、文化等因素合力塑造的结果,因此关于高等教育的理论研究,也总会归于人文社会科学的一些"母学科"上。高等教育学科的这一特点决定了其大部分的研究是理论的应用研究以及现实的行动研究,而这两种研究都需要基于具体的高等教育实践和情景。

在博士生的培养中,凸显高等教育学科的实践性并非意味着要让学生从事具体的高等教育实践工作,而是要培养学生在进行高等教育研究时的实践意识。这种意识至少应该包括以下三方面:一是明确的问题意识,要清楚研究所要解决的高等教育问题是什么,并将其贯穿研究始终,这样的研究才能切到问题的本质,有分析深度,所提建议也才有针对性;二是扎实的田野意识,高等教育研究不应是书斋里编出来的研究,要想切实研究实践问题,一定要深入实践,扎实做好田野调查,掌握第一手资料,才能准确把握研究问题;三是客观的现实意识,从现实出发,引导学生研究"真问题",实事求是,既不唯"理论",更不唯"西方",从现实尤其是中国高等教育现实出发进行高等教育研究。学生实践意识的培养可通过多种形式,但无论何种形式,实践意识的养成都非一日之功,需要在日常的培养活动中潜移默化、悉心引导、严格要求。

## 二、高等教育学科知识体系的特点与博士生阶段的课程教学

与理工科以及一些人文社会科学的"母学科"相比,高等教育学科本身的知识结构化程度较低,知识和知识之间并非环环相扣那样紧密相连,知识之间的联系较为松散。知识结构化程度低有其优势,比如可以较容易地吸纳一些具有其他学科背景的学生来学习,构建多学科、跨学科的研究队伍。但其劣势在于课程教学往往难以收到预期成效,很多从其他学科转来的学生都表示,高等教育学科知识看上去很容易懂,但真到做研究时又不会用,因此设置什么课程、怎样进行教学、教学要达到什么目的等顶层设计就显得非常重要。

目前我国高等教育学科博士点设置的课程主要包括以下几类:第一,学科基础类,如高等教育学、教育学等;第二,历史类,如中外高等教育史;第三,方法类,如定量研究方法、质性研究方法等;第四,专题类,如中国高等教育基本问题等;第五,交叉学科类,如高等教育管理学等。这么多的课程当然无法都在博士阶段开设,那么,博士阶段到底应该为学生开设哪些课程?而且,对本科、硕士是教育学科的学

生而言,这些课大多学过,那么博士阶段应开设什么课程以使其在原有水平上能够得以提升?同样,对跨学科的学生来说,这些课大多没学过,那么在博士阶段又应该开设什么课程,以便为其打下本学科的知识基础?这个矛盾如果在知识结构化程度高的学科可能比较难以协调,但在本学科中,我觉得可以用如下方式来解决:一是对知识性较强的课程来说,完全可以通过教师指定书目由学生自学完成,或者学生也可以通过旁听硕士课程来完成。二是所开设的博士学位课程应提高挑战性和难度,以研究能力的培养为核心。比如我在北京航空航天大学高教所一直为我们学科一年级博士新生开设必修课"高等教育哲学"。这是一门比较难的课程,理论性和思辨性较强,阅读量也较大,但是我把这门课设计成了一个研究型教学的模式,鼓励和引导学生在文献阅读的基础上提出自己的见解和看法,学生反应和效果不错,既阅读了一些高等教育经典文献,加深了对高等教育的认识,同时也锻炼了理论思辨能力和分析问题的能力。三是鼓励学生选修哲学、管理学、经济学、社会学等人文社会科学相关基础课程。正如前面所分析的那样,高等教育学科与人文社会科学其他学科有着紧密的内在联系,因此扩大学生知识面和学术视野必然会为学生未来的发展打下良好的基础。

## 三、高等教育研究的复杂性与博士生研究能力培养

尽管高等教育学科的知识结构化程度较低,但这并不意味着做高等教育研究更容易,相反,我认为高等教育研究的复杂程度更高,因为高等教育处在社会系统当中,与政治、经济、文化等各子系统有着内在而深刻的联系,因此要想把一个高等教育问题研究清楚,需要更广阔的社会科学知识基础以及更敏锐的洞察力和研究能力,这实际上对博士生培养提出了更高的要求。

博士论文是博士生研究能力培养的抓手,因为博士生要拿到学位,一般都会在博士论文上花较多时间,但以博士论文为抓手,并不意味着博士论文就是全部,相反,博士论文只是一个目标,导师应将对学生研究能力的培养融入学生做博士论文的过程中。具体来说,这一过程大致可分为三个阶段。

第一阶段是初涉研究阶段,主要任务是让学生较多地接触高等教育实践,加深他们对高等教育的理解,为积累研究经验提供各种机会,同时帮助他们寻找感兴趣的研究领域和未来博士学位论文的方向。现在很多学生在硕士研究生阶段时虽然有进入到科研项目的经历,但应该说大多只是蜻蜓点水式地接触了研究的皮毛,所

以进入博士研究生阶段,应尽早地让学生加入导师的课题研究中来。这种加入应是全方位的参与,而不只是让博士生做一些收集和整理资料的简单工作,是要让博士生深度参与课题研究的全过程中,让他们了解为什么做,观察教师怎么做,在教师指导下自己上手做。通过上课、写文章、广泛地接触各种项目等途径,博士生一般会慢慢发现自己感兴趣的领域。

第二阶段是聚焦研究阶段,这一阶段的主要任务是凝练出博士学位论文的研究问题,形成研究思路和基本框架。在这一阶段,不宜直接为博士生指定论文题目,即便指定,也应只是一个大致的范围,具体的研究问题凝练应以博士生为主、在教师指导下形成。做过研究的人都知道,科学明确的研究问题的提炼是研究中最关键的一步,有了值得研究和能够研究的科学问题,研究就成功了一半。而且,博士生毕业以后独立从事科学研究工作时首先面临的就是研究选题的问题,一些年轻学者只会跟着热点走,很难形成自己的研究方向,其中很重要的原因就是不会选题。在做博士学位论文的过程中,博士生自己凝练研究问题也十分重要,只有经历了这一过程,他们才会知道为什么研究这个问题,才能具有问题意识,所做研究才能更深入、更有针对性;另外,博士生为了凝练出研究问题,会广泛涉猎相关领域的文献,实际上无形之中打下了一个更为广阔的研究基础,而不是一头扎到一个很窄的问题上。比如我有个学生是在职辅导员,结合她的工作,我为她选定了大学生学习指导这个大的领域。她以前没有接触过学习科学,为了找到研究问题,她恶补了很多学习科学的知识,最后选定合作学习效果作为研究问题,并通过准实验手段对合作学习效果进行实证研究,同时提出了一些改进合作学习的教学策略。她自己经常说,有了学习科学的知识基础,她毕业后还可以做很多关于大学生学习的研究,她也有了自己的研究方向。所以,从博士生培养的角度看,凝练博士学位论文的研究问题实际上是构建相关研究领域知识基础、树立研究所需的问题意识、提升整理分析文献的能力、锻炼以研究问题为核心搭建研究框架的能力等培养目标实现的抓手。

第三阶段是博士学位论文的研究和撰写阶段,主要任务是帮助和指导学生完成博士学位论文。博士学位论文对博士生培养来说是一个非常重要的环节,因为它可以让博士生深度体验从选题到论文撰写的研究全过程,同时它需要博士生调动综合研究能力、心理素质能力等才能完成,因此,博士学位论文质量的高低是博士生培养质量的核心体现。但是,在如此重要的环节,有些导师和博士生却存在着误解和模糊认识，有些导师认为，博士论文主要是博士生自己的事，因此疏于指导和质量监控；有些学生则认为，写差不多能毕业就行……其实，无论是导师还是学生，不应该总是短视地计较在学位论文上花费的时间，作为一个未来要从事学术研究的学者，博士论文质量的高低直接决定了未来学术生涯的起点，在博士学位论文上花的功夫最后都会在未来成倍地得到回报。因此，我对学生博士学位论文有明确的要求：第一，不能选太简单的题，论文的选题要有分量、有理论研究的空间；第二，完成学位论文的全过程都应与导师沟通，定期汇报和讨论；第三，博士学位论文是做一项研究而不仅是写一篇论文，因此不能只通过拍脑袋坐在书斋里“写”论文，必须深入实践“做”论文，“做”的方法当然有很多种，可以是调查访谈，也可以是观察体验，即便是有些研究问题如关于国外高等教育的研究没有实地调查的条件，也要努力查阅更具体丰富的材料；第四，认真修改论文，“研究是做出来的，论文是改出来的”，好的论文需要打磨。通过这样的要求，不仅能够保证博士学位论文的质量，更能向学生传达一种“学术之道”：好的研究没有捷径可走，无非是比别人读得更多、思考得更多、花的时间更多，严谨再严谨，勤奋更勤奋。

最后还有一点很重要，就是要对学生严格要求，因为严格要求才能激发学生的发展潜能，使他们获得成长和改变。虽然严格要求可能会给学生带来挫折感，也会迫使教师付出更多的精力，甚至因此面临各种困扰，但当学生战胜挫折、收获成长的时候，他们也会体会到更深层次的快乐，而这才是教育所应该给予学生的东西。教育者代表的并不是自己，而是一个机构、一种教育，甚至是一个社会对受教育者的要求，因此，任何教育都有标准，而坚持标准是教育者的责任，教育者不应该随意降低标准迎合学生，这既是教育质量的要求，也是教育公平的体现。当然，在严格要求学生的同时，也要注意对学生进行思想教育和心理疏导。

博士生是学科未来发展的后备力量，博士生的质量决定着学科未来的发展水平，因此，只有培养出具有真才实学的学生，我们高等教育学科的未来发展才能更好！

# 宽严相济：在深度互动交往中教学相长

田建荣

**田建荣**，陕西师范大学教育学院原副院长、教授、博士生导师。已培养博士生23位。

2007年，我成为陕西师范大学的博士生导师。十余年的博导生涯使我深刻体会到：博士生是高校中区别于本科生、硕士生和青年教师的一个特殊群体，他们在高校学习、研究的态度和精神风貌对整个大学的学风、校风都具有特殊的影响和示范作用。特别是博导与博士生的关系在高校成为各种关系中最显眼、最为人们所关注的组合。如今，提高高校核心竞争力和人才培养质量，建设世界一流大学，学科建设和博士生培养最关键。从本质上讲，博士生的教育过程归根到底是在导师和博士生之间良性互动、深度交往中运行的，建立导师和博士生之间新型的良好师生关系，只有通过深度的互动与交往，才能确保培养活动的顺利开展与博士生教育质量的全面提升，才能实现对于博士生个性化教育和创新精神与实践能力的培育，才能实现从导师指导下的科研到自己独立开辟新领域研究的转变。

## 一、好的博士生是多方了解和交流选出来的

与博士生的深度互动交往首先应该从招生考试开始。“人才培养是大学的根本任务，招生则是人才培养的第一步。”[1]人们常说：学生不是培养出来的，而是选拔出来的。对于博士研究生来说，要获得学位，培养固然重要。但导师是否招收到合适的学生，考生考取的是否为自己心仪的学校、专业和导师，则构成了培养的前提与基础。现今我国的研究生招生选拔制度还比较传统，主要依据笔试甚至是外语成绩来决定考生的取舍，这已经不适应博士生教育发展的需要，必须尽快建立起一种科学公正的新型博士生招生选拔制度。

我1998年考入厦大高教所，属于“二进宫”，因为我1997年就参加了博士生入学考试，考试的科目为三门：外语、高等教育学（共同必考科目），第三门可在高等教育史、比较高等教育和高等教育管理中选考。考试结束后紧接着就进行面试，面试

的形式为考生在全所师生面前做学术报告，时间为20分钟，并要回答老师和同学的提问。我当时报告的题目是《"学而优则仕"新解》，是自己教学和科研的一点心得，结果获得了大家的充分肯定和热情鼓励。但最终因外语成绩差1分未能如愿。

1997年11月30日，我万万没有想到，竟然收到了潘懋元先生给我写的一封亲笔信——

田建荣同志：今年博士生考试，你的学术报告给大家留下深刻的印象，专业课程考试也很好，只因外语稍差，以致未能入选，殊觉可惜。海峰同志和我曾同研究生院商定，先以进修教师身份选修课程，明年考试及格，承认学分。此事由海峰同志向你征求意见，因故未成。明年招生报名，即将开始，未知英语准备情况如何？盼能再度报考。

即此，顺问，近好！ 潘懋元 1997年11月24日

我至今保存着潘先生这封令我十分感动、万分感激的信函。其实我准备参加厦大博士生考试始于1994年，我至今也还保存着刘海峰老师从1994年7月31日到1997年10月9日写给我的7封回信，这便是一位博士生导师与考生深度交流互动的见证。由于我的背景是从事教育史的，所以选择在高等教育史方向攻读博士学位，故考博之事一直和刘海峰老师密切联系。当年通信不发达，主要是给刘老师写信，刘老师不厌其烦每次都给我回信，详细说明情况，指点迷津，多数回信都有两三页。现在想来真的是太麻烦刘老师了，但这就是师生在招生过程中的深度交往与互动，并且时间持续有三四年。所以，当我成为博导以后，考生给我发的邮件我都会认真阅读，及时回复，有时还要通过电话交谈深度了解。现在很多高校博士生招生实行"申请-审核制"，这更需要也更方便导师加大对考生的深度了解。特别是当年厦大高教所面试采用学术报告的形式，能够全面准确地考察一个考生的基础知识、科研能力、表达水平和思维品质等，属于综合素质评价，对于弥补单纯笔试的不足，提高生源质量非常有效。并且面试时不仅仅只有导师组成员在场，高教所的所有老师和学生都参加，面试后导师还会在沙龙等场合向在读的博士生和硕士生们征求对于当年考生表现的看法。厦大高教所在博士生招生选拔方面的独特方式，既是我的经历，也是我做博导后博士生招生的实验与做法。

## 二、深度交往是博士生培养中师生研究与生活的基本方式

叶澜教授认为，"人类的教育活动起源于交往，在一定意义上，教育是人类一种

特殊的交往活动"[2]。雅斯贝尔斯说:"所谓教育,不过是人对人的主体间灵肉交流活动(尤其是老一代对年轻一代),包括知识内容的传授、生命内涵的领悟、意志行为的规范,并通过文化传递功能,将文化遗产教给年轻一代,使他们自由地生成,并启迪其自由天性。"[3]在我国古代书院里,师生亦师亦友,朝夕相处,谈学论道,切磋砥砺。书院导师以自身的品格去感召、影响生徒,学生长期追随老师,受到其精神熏陶和人格浸染。《学记》亦云:"独学而无友则孤陋而寡闻。"

现在,博士生招生人数的增加,不利于良好师生关系的培养。博士生培养重在建立一种互动密切、感情笃厚的师生关系,使师生主体之间有频繁的沟通与交流。因为导师与学生之间保持定期接触与交流是开展个性化培养的必要条件,且交往频率与深度是衡量交往质量的重要指标,互动交流的时间会对双方关系的融洽产生影响。但是,目前高校教师大多是教学与科研一肩挑,有些导师还担任繁重的行政管理任务,与学生的交往机会大打折扣,只能和学生保持简单的交往,或者进行集体见面和交流,师生间的交往只能以"点对面"的形式进行,导师很难做到与每位学生都有及时、充分的交流与沟通,从而缺少了对学生个体的关注,无法满足学生个体的实际需求,更不要说根据学生的个体差异对交流内容与方式进行调整,这都严重地影响了博士生培养的质量和有效性。

也许有人会说,如今网络交往已经成为获取信息知识、交流思想与情感的重要方式,导师指导学生的方式也随之更加多元化,利用电话、微信、微博、QQ、电子邮箱、手机短信等与学生进行互动交流已成普遍现象,也实现了导师与博士生之间的高效互联互通。但事实上,传统的面谈交流方式可以通过眼神和表情的自然流露达到信息传递和反馈的作用,没有面谈,导师无法在讨论中逐步了解学生的想法,并启发学生的思维,达到师生双向互通的交流效果,学生也无法达到对话与交流能力的提升。特别是在和导师的直接交往中,学生还会受到导师处事态度、个人习惯、行为方式等的熏陶和人格魅力的影响。现代化的方式使得师生交流变得越来越抽象和模糊,逐渐沦为符号与符号之间的交往,从而最终丧失了交往的本性。

当然,最关键的是导师在与学生交流之中产生实质性交往,只有进入对方的精神世界,才能建立良好的师生关系,实现真正意义上的师生交往。如果与导师见面只是谈天说地,没有学术韵味,时间久了,博士生会觉得导师和家长一样唠叨,这会构成师生见面后的共同尴尬。可见,导师与博士生的交往应该主要是主体间的精神交往,旨在提升博士生的学术水平,它要求师生平等相处、相互信任,真诚地向对方开放并真诚地接纳对方，进行具有发展价值的交往活动，要求师生双方通过对话与理解，不断提升交往境界，以实现观念和规范的生成、迁移、内化与外化，促使博士生更好地个性化与社会化，成为杰出的人才。

### 三、博士生的成就都是苦学、勤学得来的

只要人类的教育还是一种有组织的活动，就仍然需要教师的权威。新型教师权威的根本特征在于教师主要利用其自身的内在素质和人格特征来影响学生。追溯历史，自孔子开尊师爱生风气之后，历代教育家相沿成习，并在中国传统文化中形成了各具特色的师爱风格。孔、孟是和善可亲的师爱；荀子是威严而可敬的师爱；胡瑗“视诸生如其子弟，诸生亦信爱如其父兄”；李贽以师为友，以友为师，不拘师生形式，平等互学；程氏二兄弟则各不相同，程颢和善可亲，从教者感到“如坐春风和气中”；程颐则威严刚毅，弟子拜访，见他瞑目静坐，恭敬立于门外等候至雪积尺余，留下了“程门立雪”的佳话。可见，好的教育，必然是宽严相济、管教同步的。

作为博士生导师首先必须深刻领悟职业道德内涵，热爱学生，全身心地投入博士生培养中去；理解学生，不断与学生沟通；宽容和善待学生，使学生得到良好的发展。但严格要求更是爱学生的一种表现。爱护学生，并不是迁就和放任学生，而是教师对自己职业的高度忠诚所产生的对工作对象的一种极端负责的感情。导师对学生的要求越严格，反映了他对学生越爱护，渴望用自己的“严行”去启迪学生，引导学生。一个不爱护学生的导师是不会对学生提出严格要求的。导师只要从爱护学生的立场出发，提出合理的、学生力所能及的严格要求，就一定会得到学生的支持和拥护。严格教育也是学生成长成才的自身需要。人们常说，严师出高徒。

天道酬勤，苦学是成功的阶梯。历史上那些取得成功的人都不乏吃苦的精神，每一位饱学之士都有一些苦学经历。“宝剑锋从磨砺出，梅花香自苦寒来。”正所谓“书山有路勤为径，学海无涯苦作舟”，弟子的成就都是从苦学、勤学中得来的。在这里，苦学，是指勤于学习、刻苦钻研，在学习上持之以恒，不遇难而退。“苦”的反义词不是“乐”，而是“懒”。苦学专治懒惰。正如韩愈所言：“业精于勤，荒于嬉，行成于思，毁于随。”所以，只要做到勤学，就达到了苦学的目的和效果。俗话说：“一勤天下无难事。”唐代大书法家颜真卿的《劝学》说：“三更灯火五更鸡，正是男儿读书时。黑发不知勤学早，白首方悔读书迟。”[4]我有一位博士生就非常勤苦，常常半夜三四点才睡觉，勤学苦读，成绩斐然。对于这样的博士生我反倒经常提醒他不要

熬夜,保重身体。

从整个培养过程看,当今我国研究生教育最大的缺失就是基本上放弃或者过分淡化了考试对于学业的促进作用,研究生的学习过程基本没有考试的参与,这是导致我国研究生质量不如基础教育质量在国际上声誉更高的重要原因。建议研究生的必修课采取闭卷考试的形式,选修课可以采用课程论文、课题设计、调查报告、科研报告、实践技能操作、案例分析、设计开发以及口试与笔试相结合、小组活动等形式进行。同时必须强化中期考核的淘汰功能和综合考试的筛选机制。“艰难困苦,玉汝于成。”只有经过苦读的磨难,才能迫人思索,逼人明智,教人练达,富有创造力,博士生“应当珍惜时代赋予的难得机遇,立鸿鹄志、做奋斗者,为强国复兴求真学问、练真本领,扣好人生第一粒扣子”[5]。

## 四、弟子不必不如师

费希特在《关于学者的本质及其在自由领域的表现》一文中说:“任何一个受过学术教育的人,或者像人们常说的那样,任何一个曾在大学里学习过或者还在大学里学习的人,都必须被看作是学者。”[6]现在导师与博士生交往多数仍是“以教师为中心”的单向交往,是对自己所指导学生的集体交往,方式大多是导师运用独白言语向大家进行讲解、辅导,或是与单个学生交往中进行训导,并没有真正意义上的平等交流。这种交往形式达不到更深层次的心灵沟通交往之价值。甚至有时在学生那里还表现出对权威的假意屈从和实际的“口服心不服”,这构成最大的交往障碍。古人就深谙其中的道理,故韩愈说:“弟子不必不如师,师不必贤于弟子。”作为博士生导师,不仅要努力培养学生,更要鼓动、帮助博士生超过自己,真心做到承上启下、继往开来。明代思想家王守仁曾提倡书院导师要通过纳谏来提升自己,将“谏师”看作实现“教学相长”的途径。他在《教条示龙场诸生》中说:“人谓事师无犯无隐,而遂谓师无可谏,非也。谏师之道,直不至于犯,而婉不至于隐耳。使吾而是也,因得以明其是;吾而非也,因得以去其非,盖教学相长也。”[7]这充分体现出良好师生关系的实质就是相互依存、互相促进、共同提高。

另外,由于博士生年龄一般都比较大了,与导师交往也希望能够处在一种较为平等、民主的地位,因此,导师要放下权威至高无上的架子,和学生平等、友好相处,真正成为学生的“益友良师”,成为后现代主义者多尔所提倡的“平等中的首席”,重构新型师生交往关系。特别是打破权威,有助于培养博士生创新创业所需要的怀疑精神，实现更高的教育目标。导师必须明白，导师的教必须通过学生的学才能实现，师傅领进门，修行在个人。我们必须依照教育基本规律，重在调动博士生进入科学研究领域以后所迸发出来的、对科学的巨大兴趣和热情，激发他们投身于研究的旺盛精力、天赋和敏捷思维，这往往是导师所不及的。导师要做的是处处为博士生当表率，积极宣传博士生的科研成绩，关心博士生的生活，加强交流与切磋，不求全责备，及时消解博士生可能出现的对科学研究的厌倦和抵触情绪，通过认真、耐心和热情的指导、督促和检查，严格要求，避免走弯路，只有这样才能促使师生间由交流到理解，由理解到赏识，由赏识到和谐。

## 五、门户开放，“三人行，必有我师焉”

导师无疑是博士生培养的第一责任人，负有对博士生进行学科前沿引导、科研方法指导和学术规范教导的责任。但一般在组织管理上，博士生的招生考试、中期考核、论文答辩、学位授予等又都离不开导师组，故博士生教育是“导师负责”与“集体指导”的有机结合。有关博士生培养实行导师组制的好处，我曾指导一位硕士生进行了专门研究。结果表明：第一，导师组制能够克服单一导师指导的弊端。单一导师只是在某一领域有所造诣，并不是全能型人才，长期跟随一个导师不利于博士生学术视野的扩大和知识面的增广。第二，不同导师会在性格特点、学术兴趣、研究专长、知识结构、思维方式以及专业素养等方面各有所长。导师之间形成一个团队，合理分工，职责明确，共同培养，共同指导，学生可根据自己的兴趣专长选择不同的导师寻求帮助或与更多的导师交流，取长补短，提高学习的积极性和研究能力，有利于博士生的发展和成长。第三，导师组制有利于减轻“学术门户”的负面效应，增加多个导师与学生间沟通的机会，营造浓厚的学术氛围，有利于学科交叉与融合发展，培养综合性、复合型人才。

现今在一些高校或培养单位里面，不同导师指导的学生之间会有一些嫌隙，有门户之见，博士生之间同侪交往稀少，导师之间的交流更是严重缺乏，如果任由这种现象持续蔓延下去实在令人担忧。我对我的博士生就一直要求他们牢记《论语》中的：“三人行，必有我师焉。择其善者而从之，其不善者而改之”。强调一定要以宽容和理解的态度对待每一位导师甚至所有老师。我在担任导师组长时，就特别申明：所有导师共同组成本专业导师组，对本专业所有学生都有督导、教导之责。学生要充分尊重每一位导师，可以向任何一位导师求教和寻求帮助。其实，博士生们理想的培养环境也希望是和谐融洽、师生友爱、互相启迪、教学相长、共同发展的导师组集体。所以导师组成员特别是导师组长一定要努力创设温馨和谐的学术环境,可以通过开展丰富多彩的活动,如学术报告会、学术沙龙、读书会、茶话会、工作坊等,增强学术氛围,并促使师生都能全身心参与其中,进一步增进了解,使师生间的感情变得热络和融洽,形成互动的学术共同体,共同为提高博士生培养质量服务。而这一切都需要一种平等、友好与和谐的环境,需要参与者之间彼此接纳,从而实现集体共同思考。

## 参考文献

[1] 于涵.招生与培养:清华大学自主招生的理念与创新[J].清华大学教育研究,2014 (6).

[2] 叶澜.新编教育学教程[M].上海:华东师范大学出版社,2006:32.

[3] [德]雅斯贝尔斯.什么是教育[M].邹进,译.北京:生活·读书·新知三联书店,1991:3.

[4] 蔡镇楚,龙宿莽.精选今译诗词曲赋[M].长沙:中南大学出版社,2012:146.

[5] 宣言.风雨无阻创造美好生活[N].人民日报,2018-08-08.

[6] [德]费希特著作选集:第4卷[M].梁志学,编译.北京:商务印书馆,2000:336.

# 高质量的博士生教育还需要完善哪些培养制度*

汪　霞

**汪霞**，南京大学教育研究院教授、博士生导师。已培养博士生 18 位。

大学最本质的职能是人才培养，若本科教育是大学的根和本，博士生教育就是大学的脊和梁，博士生教育的质量直接影响国家高层次创新型人才的供给和国家科技竞争的实力。党的十八大以来，研究生教育确立了“服务需求、提高质量”的主线，研究生教育的发展方式开始转向内涵发展，内涵发展是高质量的发展。高质量的博士生教育不仅需要聚焦拔尖创新人才的培养目标、统筹博士生教育的内部结构、协调与外部社会需求的关系，更需要健全的和创新的培养制度保障。

2019 年，教育部先后下发文件指出，部分学位授予单位仍存在管理制度不健全问题[1]，研究生学习和自我管理主动性还不足，管理制度还不细密，政策举措还不到位，制度执行不够严格、监督管理不够透明[2]，要求强化制度建设与落实，补齐补强质量保证制度体系[2]“全面梳理和健全内部质量保证体系，没有制订相关制度的必须立即制订，已经制订的制度要根据实际情况的新变化新要求及时依规修改”[3]。高质量的博士生教育究竟还需要完善哪些培养制度？笔者基于多年的博士生培养经验以及研究生教育的比较研究，提出如下建议。

## 一、建立课程开设的准入和退出制度

课程学习是博士生培养中至关重要的一环，是增强博士生学习力、研究力和发展力的智能引擎。目前，博士生课程的质量是迫切需要引起关注的问题。课程质量的保证在于完善和严格的博士生课程准入与退出制度。但就大多数培养单位而言，博士生课程的开设与审查制度基本处于缺失状态，现有的课程开设与审查方式

* 本文系南京大学人文社科双一流建设“百层次”科研项目“‘双一流’背景下研究生教育高质量发展的理论与实践探索”(201839)的研究成果。

极为简单,基本是教师自主开设,院系报学校研究生院备案。大学内部基本没有专门的组织和制度负责课程开设与审查的管理、指导或监督。除非开课教师自己提出,否则所设课程亦不会退出。制度的缺失不免导致博士生课程的开设随心所欲、鱼目混珠,严重影响课程应有功能的发挥。

建立课程开设的准入和退出制度,一是要健全博士生课程的审查制度,院系应成立课程委员会或教学指导委员会,或发挥学术委员会的作用,加强对所开设课程的审查,依据人才培养方案和学生课程评价的结果,提出课程准入和退出的审查意见。二是由研究生院聘请相关领域的专家,成立课程审查小组,对博士生课程进行最终审查。三是加强校级课程审查机构的建设,发挥学校课程委员会或教学指导委员会在博士生课程开设与审查过程中的作用,积极吸纳校外人员参与课程的定期审查工作,全面提升研究生课程质量。

## 二、建立跨学科课程修读制度

我国的博士生课程无论在结构上还是内容设置上总体都比较单一,跨学科性不强。21 世纪以来,科学问题和社会问题日益复杂化,科技的发展在不断分化的同时更不断走向综合,科技和社会创新越来越多地发生在学科交叉领域,随着对高端复合型人才需求的急剧增长,博士生培养中跨学科课程体系建设逐渐成为一种全球化教育现象。尽管教育部 2014 年颁发的《关于改进和加强研究生课程建设的意见》中就明确提出,要"重视课程体系的系统设计和整体优化""科学设计课程分类,根据需要按一级学科设置课程和设置跨学科课程",但实际的课程设置中,跨学科课程尚是凤毛麟角。

为促进博士生教育的高质量发展,培养更多具有交叉学科背景和创新能力的高素质人才,大学应加快跨学科高水平博士生课程的建设。首先,可以借鉴世界一流大学跨学科人才培养的经验,基于前沿交叉学科研究院、跨学科社会科学研究中心、博士研究生跨学科拔尖创新人才培养实验区或类似机构与平台,设立相应的跨学科课程。其次,人才培养方案中提高博士生选修跨学科课程的学分,要求和指导博士生跨专业选修其他院系开设的相关课程,以此补充和强化跨学科的知识与方法。最后,设立专项经费引导和支持更多教师开设跨学科课程,为本专业和外专业的博士生提供广泛的跨学科课程选修机会,更好地满足博士生对跨学科知识的诉求。

### 三、建立专业游学或轮转学习制度

科学综合化、技术智能化、经济国际化、社会信息化的发展要求培养博士生成为高端复合型人才，所谓“复合”是内涵知识、能力和思维等方面的复合，高端则意味着不仅在某个专业领域有相当的能力和素质，而且在相关知识技能上亦达到一定的广度和深度。所以，从20世纪末开始越来越多的世界一流大学在博士生的培养中建立起专业游学或轮转学习制度。专业游学制度包括国内游学和国外游学，围绕相关主题，以短期游学项目或交换生计划的方式，促进博士生的国内外交流与合作，提升博士生的学科专业水平、组织协调能力、沟通技巧以及跨文化能力，锻炼思维的开放性、创新性；轮转学习制度即理工科博士生的实验室轮转制度，理工科博士生在选择论文指导教师之前，通常需要在多个实验室轮流做实验，跟随不同导师进行轮转学习、工作和研究，实验室轮转学习不仅极大地提高了博士生的科研能力，也有助于博士生广泛获取处理专业问题的经验和智慧，获得专业技能、动手能力、领导能力等方面的锤炼，促进专业水平和综合素质的发展。

我国博士生的培养仍囿于传统的学科和以大学为中心的知识生产模式，恪守狭窄的专业学术领地、深厚的专业理论基础以及博士论文本身的创新性，所培养的是各个学科的“守护人”。培养模式上的因循守旧导致21世纪以来出现博士生教育质量的危机。

深化博士生教育的改革，培养高端复合型人才，需要建立专业游学或轮转学习制度。专业游学制度方面可有两种路径，相互补充，实现全覆盖。一条路径是国际高水平大学或同类高校游学，以科研合作项目、师生互派项目等为抓手，为博士生构建参与国际学术交流的平台，开阔博士生的国际视野，提高其国际学术交流能力，同时扩大高校的国际学术影响力；另一条路径是国内高水平大学或同类高校游学，以科研合作项目、学术交流项目以及社会实践项目等为抓手，为博士生构建参与国内学术交流的平台，扩大博士生的学术交流机会，丰富其科研和学习体验，锻炼社会实践能力。轮转学习制度方面也可有两种路径，一是理工科博士生的实验室轮转，在多个分支领域，跟随不同导师和PI团队进行轮转学习和研究；二是人文社科博士生的科研团队轮转，在相关专业领域，跟随不同导师团队进行轮转学习和交流。

## 四、建立职业发展能力提升制度

吉本斯(M. Gibbons)等认为,知识的生产方式已由模式Ⅰ演变为模式Ⅱ,知识生产越来越多地在"应用情境中"和围绕具体问题进行,且越来越具有"跨学科性",即"最终解决办法的形成通常会超越任何单一的学科。它将是跨学科性的"[4]。在新的知识生产模式下,博士生教育的质量观也悄然发生变化,社会用人单位越来越看重博士生的项目研究能力、问题解决能力、团队领导能力、知识迁移能力等。随着知识生产模式的转型,需要我们重新思考博士生的人才培养目标。传统上,博士生教育的宗旨是培养学术研究人才,但由于学术内外劳动力市场的综合作用,博士毕业生到学术界之外就业的比例越来越高,博士生就业的多元化成为世界性的趋势,博士研究生教育与传统学术职业之间的联系正在逐渐解耦[5]。

面对知识生产模式Ⅱ的挑战,适应博士就业的多元化趋势,大学在博士生教育中建立职业发展能力提升制度是当务之急,要为那些希望在学术界外就业的博士生提供所需技能的学习和训练。其一,实施博士就业状况跟踪调查和博士毕业生技能需求的雇主定期调查,以便确切地掌握博士就业的去向和特点,并及时了解社会用人单位对博士毕业生技能需求的变化。其二,设立职业能力提升项目,有针对性地进行沟通能力、团队合作、项目管理等可迁移技能的训练。其三,全面实施"四助"体系:教学助理(TA),负责某门课程教学的辅助工作,如问题讨论或课后实验;研究助理(RA),负责部分相关研究的辅助工作,如数据收集、数据分析;研究生助理(GA),负责协助管理人员进行研究生事务管理的辅助工作;研究生研究助理(GRA),负责研究生论文及与学位获得相关的辅助工作。其四,加强与企业、政府等外界多方力量的协作,多部门联合培养博士生。联合培养不仅能提高博士生培养精准度,促进博士毕业生在政府和工商业界就业,也可进一步刺激工商业界对博士人才的需求。其五,将对博士生职业素养的培养纳入人才培养方案,明确由专人负责(教授们可轮流担纲)为求职的博士生提供指导和服务,如指导怎样准备申请材料、如何进行面试和与未来的雇主谈判,帮助准备试讲,指导交往礼仪与规范等。

## 五、建立逐级分流考核与淘汰制度

目前,我国博士生数量已跃居世界第一,但质量与世界教育强国尚有差距。有竞争才有未来,有淘汰才有质量。2017 年,教育部、国务院学位委员会印发的《学位与研究生教育发展“十三五”规划》明确提出“加大分流退出力度。建立健全博士研究生分流退出激励机制”[6]。随后，北京大学、清华大学等14所高校开展分流淘汰制的试点。近几年，越来越多的高校也开始意识到分流淘汰制度对博士生教育质量保障的重要作用，先后采取相关实际行动。然而，从各高校分流淘汰实施的具体情况来看，效果并不尽如人意。诸多原因导致该制度存在“空心化”的现象，其最终分流淘汰的主要还是就读时间超期的博士生，而并非在培养过程中不合格的博士生。这不是分流淘汰制度的目标与功能所在。

分流淘汰制度是以全面质量管理为理念、以过程控制为本的制度。全面质量管理体现管理工作中的全过程、全人员、全组织、多方法的特点，秉持预防为主、不断改进和为顾客服务的思想。以过程控制为本意味着超越目标管理存在的静态性和结果性局限，使管理过程更具动态性与可控性。实施分流与淘汰制度的目的是在培养过程中为博士生提供合理有效的选择，以帮助其实现多样化发展，从而真正促进博士生的人才培养。所以，淘汰博士生并不是直接的目的，而是分流后可能的结果之一。换言之，基于全面质量管理理念，博士生分流应是逐级的，其退出或淘汰不仅是一个结果，更是一个过程，此管理制度的旨归是真正保障和提高博士生教育质量。

建立逐级分流考核与淘汰制度，首先，要细化培养过程。博士生培养过程有丰富的内涵，不只有资格考核、学位论文。完整的博士生培养过程包括：入学适应、课程学习、学术报告会、资格考核、学位论文撰写、预答辩、学位论文评审、学位论文答辩与授予学位8个方面。其次，应紧紧抓住培养过程中的关键节点进行逐级分流考核与淘汰。质量杠杆原理告诉我们，越是靠近产品的输出口，质量改进的成效就越有限。因此，博士生培养过程中的8个方面，靠近产品输出口的预答辩、学位论文评审等基本已是“生米煮成了熟饭”，尽管亡羊补牢犹未为晚，但毕竟有的结果已经形成。所以，远离毕业出口的入学适应、课程学习、学术报告会、资格考核是培养过程中更为关键的节点，从这些节点开始就需要逐级分流考核与淘汰。入学适应考核即对博士生入学一年期间综合素质和科研能力进行考察，不合格的可以直接予以分流退出；课程学习考核即对博士生课程修习情况的考核，包括课程出席、课程参与、课程作业、课程考试等，考核不合格可终止后期培养，酌情进行分流退出处理；学术报告会考核即一方面考核学业修读过程中博士生是否按规定完成听学术报告会的次数，另一方面考核博士生按规定在本院系或本专业所做2~3次年度报告的质量，考核不合格则酌情进行分流退出处理；资格考核即对博士生课程学习、研究能力、学术成果和综合表现等的考核，考核不合格可给予1~2次再考核的机会，仍不合格的就予以淘汰。最后，不同学科专业、不同博士生类型在培养目标、培养模式等方面各有不同，因此逐级分流考核与淘汰制度的实施需要因地制宜，因人而异，区别对待。此外，教育要以人为本，分流淘汰不是为了完成任务。逐级分流考核与淘汰需要有科学的评价标准，同时还要做好博士生分流退出的善后保障工作。

## 六、建立多元化学术创新成果评价制度

多年来，各高校都将发表一定数量和级别的学术论文作为博士生毕业的必要条件或者说是“硬指标”，符合要求的论文发表成为许多博士生毕业之际挥之不去的痛楚甚至梦魇。多项调查研究表明，论文发表是博士生延期毕业的重要影响因素之一。有研究指出，“博士生发表科研论文的数量和质量，均对其按期完成学业有非常显著的正向影响”“博士生发表高水平论文每增加1篇，延期完成学业发生比降低12.8%”[7]。还有研究发现，“超过60%的博士生延期毕业的原因与发表学术成果要求有关。一部分博士生虽然撰写学位论文较为顺利，但因为未达到学校规定的发表学术成果要求而无法在规定学习年限内毕业，还有一部分博士生把主要精力放在发表学术论文等成果要求方面，却又影响了学位论文的撰写工作，也无法在规定学习年限内毕业”[8]。

博士生培养中过于强调毕业前的论文发表，一方面给博士生带来极大的心理负担，论文发表不容易、科研竞争压力大、生活作息无规律，让很多博士生沮丧、绝望，出现精神问题；另一方面，“唯论文”也助长了学术不端风气，导致科研浮躁和学术乱象的滋生。在毕业、就业、生活的多重压力下，有的博士生为了毕业，不择手段地进行论文剽窃、数据造假、一稿多投，以图顺利完成“硬指标”，蒙混过关“混文凭”。

习近平总书记在全国教育大会上做出“破五唯”的指示，敲响了完善高校学术评价制度的警钟，也对深化博士生教育改革指明了方向。博士生学术水平的评价也需要破“唯论文”，建立多元化学术创新成果评价制度。一是摒弃对论文数量的要求，激励博士生大胆开展原创性和前沿性研究，学术评价更加注重科研成果本身的价值性和创新性。这也是博士生教育的本质之所在，“可以这样说，博士学位获

得者的基本素养就是要展现出在创新、独立进行批判性思考和提出深刻质疑等方面的学术发展”[9]。二是对博士生的学术评价可不限定于“发表论文”，也可以提供更多其他形式的创造性成果，如报告、专利、发明等。三是博士生学术水平的评价不搞“一刀切”，在满足“学位论文审查合格”作为答辩申请条件的前提下，各培养单位可因学科特点而异，提出更具针对性的对博士生学术创新成果评价的额外要求。

## 参考文献

[1] 教育部办公厅.关于进一步规范和加强研究生培养管理的通知[Z].教研厅〔2019〕1号，2019.

[2] 教育部办公厅.教育部办公厅关于进一步规范和加强研究生培养管理的通知[Z].教研厅〔2019〕1号.2019.

[3] 迈克尔·吉本斯，卡米耶·利摩日，黑尔佳·诺沃茨曼，等.知识生产的新模式：当代社会科学与研究的动力学[M].陈洪捷，沈文钦，等，译.北京：北京大学出版社，2011：4-5.

[4] 沈文钦，王东芳，赵世奎.博士就业的多元化趋势及其政策应对——一个跨国比较的分析[J].教育学术月刊，2015(2).

[5] 教育部，国务院学位委员会.学位与研究生教育发展“十三五”规划[Z].教研〔2017〕1号，2017.

[6] 绳丽惠.博士生延期毕业现象：影响因素与治理策略[J].学位与研究生教育，2019(6).

[7] 克里斯·戈尔德，乔治·沃克.重塑博士生教育的未来[M].刘俭，译.上海：上海交通大学出版社，2015：122.

（本文原载于《中国高教研究》2020年第6期）

# 第四编

# 倡导国际视野

# 国外一流大学高等教育学学术博士培养方案研究

李曼丽

**李曼丽**，清华大学教育研究院副院长（主管教学）、长聘教授、博士生导师。已培养博士生 7 位。

## 一、引言

近年来，我国研究生规模持续增长，我国已成为仅次于美国的博士层次研究生教育大国。与教育发达国家和世界一流大学相比，我国博士生培养仍存在培养质量不理想、原始创新不足等问题[1]。2017 年，教育部、国务院学位委员会印发的《学位与研究生教育发展“十三五”规划》提出要“稳步发展博士研究生教育。适度扩大博士研究生教育规模”，同时指出博士生教育应“着力培养各类创新型、应用型、复合型优秀人才”。在这一背景下，如何提升研究生培养项目的质量，培养具有创新能力、学术素养过硬的博士生，是高校需要面对的重要问题。高等教育学专业承担着培养教学与研究人才的重要功能，如何制定高质量的培养方案，培养新时代的高等教育研究与高校工作后备人才，是高等教育学专业发展的现实问题。

我国高等教育学博士层次研究生培养起步较晚，但发展迅速。1986 年，自厦门大学首获高等教育学博士学位授予权以来，30 余年间全国各授权点共培养了数以千计的高等教育学博士与硕士[2]。国外高等教育学专业的人才培养已有百年历史。1893 年开始，斯坦利·霍尔在克拉克大学开设了专门探讨高等教育学的系列课程，并举办相关的研讨会，内容主要涉及高等教育管理、课程与教师教学、公共政策、研究资金、高校使命、美国和欧洲高等教育的现状和问题等[3]。这是世界范围内高等教育学人才培养的开端。其后 20 世纪 20 年代，由于高等教育快速扩张，高校内部管理和教学频繁出现问题，迫切需要具有专业知识的高等教育管理人员进行科学化管理，匹兹堡大学、密歇根大学等多所高校也相继开展高等教育学专业的研究生教育，美国的高等教育学人才培养进入快速发展阶段。时至今日，美国高等教育学专业数量已逾200个[4]。研究历史积淀相对深厚的发达国家的人才培养模式,可以为我国快速发展的高等教育学专门人才培养提供借鉴和参考。

本研究主要考察国外知名大学的高等教育学学术博士(Ph.D)培养方案。本研究综合了QS、U.S. NEWS、THE等排行榜近3年的排名情况,最终选取了排名靠前的4所学校的高等教育学博士培养方案为案例进行研究。它们是:斯坦福大学(以下简称斯坦福)[5]、宾夕法尼亚大学(以下简称宾大)[6]、加州大学洛杉矶分校(以下简称UCLA)[7]、威斯康星大学麦迪逊分校(以下简称威斯康星)[8]。培养方案资料均来源于各学校官方网站公开的资料,由各学校网站上公开的项目信息和培养方案、招生系统的项目介绍、课程查询系统收集的排课信息、研究生院及教育学院的管理文件等汇总而来。

## 二、培养方案的主要框架和内容

培养方案既要明确"培养什么人",也要规划"怎样培养人",还要评价是否达成了育人目标。典型的培养方案,首先确定培养目标,清晰指出培养什么样的人,发展哪些素养和能力,达成什么样的结果;然后明确学制和项目的时间规划;重点是课程和实习实践活动,这是学生培养的主要过程;最后是评价制度,旨在保障培养的质量。

### (一) 培养目标

4所大学对培养目标的表述内容比较一致,按内容可以分成社会目标(学科的现实需求、项目的使命与愿景、学科最典型的研究问题)、职业目标(毕业生去向)、知识技能目标(学生的研究能力等)。各学校的培养目标整理如表1。

表1 4所学校高等教育学博士培养目标

| 学校 | 社会目标 | 职业目标 | 知识技能目标 |
|---|---|---|---|
| 斯坦福大学 | | 高等教育博士(Ph.D)课程是为追求学术、管理、政策分析和教育研究等职业的学生而设计的。授予的博士学位是学术学位,其核心目标是培养专业人士进行卓越的研究 | 课程包括小型课程、实践研究训练和个性化指导三个部分,尤其强调学生掌握社会科学特定理论框架和研究方法。每位博士生在相关学科或跨学科领域获得一个辅修学位(博士生通常在攻读博士学位期间可攻读所选领域的硕士学位) |

续表

| 学校 | 社会目标 | 职业目标 | 知识技能目标 |
| --- | --- | --- | --- |
| 宾夕法尼亚大学 | 旨在开展高等教育领域最紧迫问题的开创性研究，包括：大学入学和支付能力；校园内的种族、性别和包容政策；国际教育；大学治理等 | 毕业生将在学术界、政府或非营利机构任职，并为该领域做出贡献 | 为学生在高等教育领域的学术生涯做准备。项目课程高度个性化；鼓励学生与导师密切合作，从本系和校内其他相关研究领域选课学习。本项目强调学生通过课程学习与担任导师的研究助理，帮助学生发展高等教育研究所需的卓越技能，这些技能包括研究设计、项目评估、定性和定量数据分析等 |
| 加州大学洛杉矶分校 | 致力于推动美国和国外高等教育和组织变革的学术、研究和实践。本项目将传递学术共同体在高等教育中对卓越、公平和社会公正的承诺 | | 在硕士和博士课程中，帮助学生们理解各种持续影响高等教育的历史、政治、社会和哲学因素 |
| 威斯康星大学麦迪逊分校 | 重点是构建丰富的知识基础，并希望学生深入理解高等教育、学术领导、文化和治理以及学生服务管理的制度背景 | 毕业生可从事包括研究型大学的教员，研究中心和咨询公司的研究人员，大学管理人员和大学校长、学生服务协调员、学术顾问，以及其他院校或继续教育领域的其他领导在内的工作 | 应掌握多种机构类型和教育背景知识，包括研究型大学、四年制院校、社区学院、职业技术学院、非传统环境中的成人学习机构以及其他任何 K-16 系统中的教育机构等。研究生在研究方法（定性和定量）方面应获得坚实的基础，并了解中学后教育的制度动态和政策背景 |

综合 4 所大学高等教育学学术型博士培养方案的目标描述，可以发现如下共性：社会目标，3 所大学强调高等教育博士项目关注高校发展和社会公平的核心议

题，是植根于社会实践的育人取向；3 份培养方案中的职业目标比较类似，高等教育学学术博士学位培养的都是从事相关教学、研究人才，供职于大学、研究机构、政府或非营利组织等；其知识技能目标都强调掌握跨学科、综合的理论框架，以及熟练运用质性和量化的研究方法等。

（二）学制和培养过程安排

高等教育学博士项目一般的培养时间为 4～5 年。基于培养目标，4 份培养方案都设置了课程、实习、考核、论文等培养环节。

在第一、第二学年，博士生首先须完成规定的课程。通常，专业必修课和选修课、方法课需要尽早完成。各学校的课程负荷略有不同，但每学期总体上在 3～5 门课程之间。

同时，博士生还要参加实习实践，内容主要以参与课题项目和教学实践为主。比如斯坦福每位博士生都需要一个研究实习期（research apprenticeship），参与正在进行的项目或进行有监督的实地研究工作；如果学生计划将来从事大学教学，也可以在研究生生涯中做有一定督导的教学实习。

各大学博士生一般在第二学年末完成资格考试。此外还有一些阶段性考核，如斯坦福明确规定第一学年末进行年度考试，审查学生的学业生涯规划；宾大在第一学年末或第二学年进行项目的资格考试。

第三学年及之后，博士生在完成课程要求、完成辅修或硕士学位的基础上，重点进行博士论文的研究，包括开题、撰写和毕业答辩的环节。

（三）课程设置

1. 课程结构和数量

比较典型的课程结构安排是首先规定 1～2 门必修核心基础课，内容为专业的基本理论或是专业研讨课；其次是研究方法课程，包含数门量化或质性研究方法课；之后是专业必修课（required courses）或核心课（core courses），一般开设多门，学生可以根据需求从中选择；最后是选修课，学生一般可以从教育学院或其他学院开设的课程中自由选择，但需要经由导师批准。

在课程数量上，宾大要求博士生至少修读 20 门课程，包括 2 门研究方法课、1 门同源课（cognate，跨领域但与学科相关的课程）和至少 9 门校内的选修课，另外 8 门可由外校研究生课程转换学分；UCLA 要求至少 18 门课，包括 7 门核心课、4 门方法课、4 门选修课、3 门同源课；威斯康星要求至少 75 学分（每门课一般 3 学分），其中至少51学分是研究生级别课程，至少32学分在本院修读；斯坦福要求修读135个学分，其中90个必须是博士录取后在斯坦福修读，一般每门课3~5个学分。当然，各个学校学分计算方式和单位不同，每门课程时长也不同。按照我国一般的学分计算方式来看，高等教育学博士一般修读12~20门课。以上各项目通常允许学生将硕士阶段修读的学分转换成博士学分，但需要通过学院的审核。

2. 专业必修课、核心课和选修课程

专业必修课和核心课体现本学科的通用知识基础，帮助博士生深入了解本学科的基本理论，以便进一步开展研究。各个大学的专业必修、核心课存在差异：斯坦福的必修课为高等教育管理；UCLA博士需要修读美国高等教育体系基础、高等教育的组织分析、高等教育的理论框架、高等教育史；威斯康星将高等教育学的核心知识课分成4个模块，分别是组织与规划（包括教育中的组织理论与行为、教育规划理论与实践），项目教学领导与管理（高校治理与管理），政策、政治和财政（包括高等教育财政、高等教育法律问题、教育政治、教育政策研究设计与实施），学习与多样性（包括高等教育学生服务管理、高校学术计划、高等教育的多样性与不平等），除高等教育概论课程外，所有博士生在每个模块选择1门课程。

专业研讨课是所有学校的博士生必修课程。斯坦福规定博士第一年每学期要选修1门研讨课，高等教育学专业还有多门高等教育领域的研讨课作为选修课。宾大要求学生选修高等教育研究各种议题研讨课、课题研究与分析研讨会。UCLA选修课提供的4门研讨课是：高等教育研讨会（多样性问题和研究视角）、大学生的认知和个人发展研讨课、高等教育研讨会、新生研讨课。威斯康星每个方向都有研讨课。

除专业课外，各个项目还普遍要求博士生修读规定数量的选修课。各大学对选修课的要求较为宽松，博士生可以在本院系或者校内其他院系选择与高等教育学相关的课程进行学习。4所大学的选修课可大致分为5类：组织与管理类；政策与经济类；教育理论与历史类；学习与多样性；高等教育专题研讨会。另外，很多大学强调学生有一定的选课自主权，可以选择学院内外的其他课程替代必修课，但是所有课程选择必须经过导师或学术委员会的批准，斯坦福等还对所选课程的等级有限制，以保证选课质量。

3. 方法类课程

关于研究方法，所有学校的课程安排都会将研究方法课程作为所有专业的必修内容,且要求学生都要修读质性和量化方法的课程。

斯坦福要求博士生至少修读5门方法类课程,包括1门教育统计方法概论,3门研究方法核心(回归法、教育中的定性分析、自选课)和高阶研究方法课;宾大要求至少必修2门方法类课程,其中1门是统计学课程,另外1门自选。

UCLA和威斯康星采用系列课程的方式,保证博士生的方法学习全面深入。UCLA采用"3+1方法培训"政策,即至少参加4门研究方法课程,其中3门课程要属于一个特定的方法模块(定性、定量、女权主义、批判、比较等),另外1门课程在其他模块中选修。威斯康星采用类似的方案,要求博士生必须完成一系列研究方法和设计课程,重点是定量或定性方法:选择以定量方法为主的博士生应选修2门统计方法课程和1门质性研究方法课程,选择以质性方法为主的博士生应选修2门质性方法课程和1门统计方法课程,此外所有博士生都必修1门研究设计课程。

4. 跨学科课程

4所学校都重视跨学科基础知识的培养,要求博士生选修跨学科的同源课,或者修读辅修学位,保证博士生有扎实的理论根基。

UCLA的3门同源课可以从学科(人类学、心理学、社会学等)或多个研究领域中选择,但这些课程必须代表一个特定的题目(如种族和族裔、妇女问题等),修读计划必须事先得到导师、部门主管和学生服务办公室的签署批准。宾大则要求博士生从另一个学科中选择一个同源课。博士生应咨询导师,讨论同源课的兴趣并确定课程。

威斯康星要求博士生辅修一套合理、统一的课程,有明确的主题或重点。博士生可以选择计划A集中辅修(辅修本院系之外的一个院系课程)或计划B分散辅修(辅修本院系之外的两个或多个院系课程)。计划A至少需要10学分;计划B需要12学分。博士生需要主动联系并寻求辅修院系的批准。

斯坦福要求博士生必须在本院(教育研究生院)之外辅修或攻读一个硕士学位,学生可以选择其他学院给定的辅修方案,或者在导师同意下选择另一学院连贯的课程。该部分选课的数量和等级有明确规定,辅修最低学分要求为20个学分,且课程等级需要达到研究生的200-level(这是斯坦福一般的研究生水平课程等级)。

(四)评价考核方式

高等教育学博士生项目的评价考核方式主要分为过程性评价和终结性评价两

类。在过程性评价方面，一般设置阶段审核、资格考试等方式，目的是评价学生是否如期完成学业要求，或者是否具备博士生修读的能力以及是否具备开题资格等。终结性评价，即在学位要求上均以博士论文为毕业最终评定对象，各学校具体的安排和要求略有差异，但总体上都要经过开题、写作、答辩的全过程评价，最终决定学位的授予。4 所高校的过程性评价则各有特点。

斯坦福采用年度评价的方式，在第一学年和第二学年的春季学期进行年度评估（First-Year Review & Second-Year Review）。第一学年注重学生的计划审核，考查学生攻读博士学位期间的学习计划是否合理。学生要提交包含以下内容的档案袋：(1) 导师签字的初步学习计划；(2) 非正式（unofficial）的成绩单；(3) 对“未完成”项目的解释以及承诺何时完成；(4) 博士辅修或学科硕士的最终计划（视情况而定）；(5) 两份课程论文（class paper）的复印件，以表明写作和分析能力；(6) 简短的学习计划说明，描述自己的基本理由，包括未来的研究兴趣和规划。考核的形式是面对面的会议，由 2~3 名教师组成的委员会进行考核。第二学年以资格审查为主，博士生应提交一份包含以下内容的档案袋：(1) 非正式的成绩单；(2) 最终的学习计划；(3) 资格考试文章（qualifying paper）副本。第二学年评审委员会必须至少由 3 名教员组成，其中 1 名教员为导师，另 2 名教员由导师或本系主任（area chair）指定。若审查结果为可接受，就有资格晋升为候选人。否则，导师应与系主任和学生事务副院长商讨适当的方案。

UCLA 博士生要参加诊断考试和资格考试。博士生必须在修读第 5 门至第 9 门课程之间参加博士生诊断考试，这是诊断和咨询过程，目的是确定学生是否有资格继续攻读博士学位，并帮助学生选择最合适的课程和研究方向。考试的形式包含 3 部分：(1) 自传性陈述，旨在评估学习成就和志向。随附博士课程摘要，包括所修课程和成绩，以及计划修读的课程。该陈述应说明到目前为止该项目是如何塑造学生的，博士生的意愿在入学后的改变或发展成熟的过程，以及计划从事哪些重点研究领域和职业抱负。(2) 由两道题组成的课后自测考试（take-home examination）。问题将围绕高等教育和组织变革中的主要趋势、主题或当前问题（与所学课程相关），博士生有 3 天时间作答。(3) 两名教员的 20 分钟正式面试。这部分考试将考察文字和语言流利性。问题围绕提交的材料、课程内外的期望和研究思路，也可能讨论博士生的考试成绩和课程进度。之后，博士生在完成所有课程并开始论文之前，还必须参加博士生资格考试。资格考试也采用课后自测考试的形式，由两个单独的问题组成,每个问题的答案不超过10页,每次考试持续3天。两个问题分别为:(1)与高等教育和/或组织变革有关的理论、研究和政策的广泛性问题;(2)对研究文章的评论。学生可以从提供的定性或定量文章中进行选择,分析文章的优点、缺点和对进一步研究或应用实践的启示。

宾大博士生则要参与资格评估(qualifications evaluation;也称为项目候选资格 program candidacy)和初步审查(preliminary examination;也称为博士候选资格 doctoral candidacy)两个过程的考核。每名博士生在完成6个但不超过8个课程单元后进行资格评估。评估由专门负责的教师设计,形式可能是考试或对博士生整体学业进程的回顾。另外,博士生在完成要求的课程后进行初步审查,这是对学生专业领域知识的一种测试,博士生要在考试中展示其对专业领域关键内容的知识理解以及分析推理能力。

威斯康星博士生在完成所有课程学分(除研究和论文外)后,必须参加一次全面的初审,形式是口头答辩。

## 三、启示

### (一)博士生课程计划应增加研讨课

高等教育学博士生的培养目标是培养能够服务于社会中的实际问题,熟练运用研究方法,从事研究工作的人才。而对于已经具备一定学科基础,有研究兴趣和方向的博士生来说,着重于学科核心问题和具体研究的研讨课是更贴近培养目标的教学形式。4所大学在课程方案中都对研讨课有具体要求,研讨课在内容上可以分为两类:有些是针对新生的导入式研讨课,如斯坦福大学的必修研讨课就是讨论教育中的核心问题,包括人们如何学习,教师如何教,学校如何组织,教育在社会中的作用等问题;有些是关于研究方向的专业研讨课,侧重于高等教育的具体议题。

研讨课的目的是通过同伴互助学习、案例学习、小组讨论及嘉宾演讲等多种教学方式,引导研究生探讨高等教育核心价值、组织结构、治理过程、入学机会、人事管理、公平与多样性等重要议题[9]。在博士生培养过程中,应当设置一定数量的博士生研讨课程,进而激发思维,鼓励思考,培养博士生反思与批判能力,锻炼学术表达能力。

### (二)重视成体系的研究方法培养

科学严谨的研究方法是高质量研究的基础,掌握并熟练运用研究方法分析问题是博士生最为重要的能力之一。4 所大学的课程安排中,都非常重视研究方法课程。数量上,4 所大学研究方法课程的必修要求有 4~5 门之多;内容上,规定学生都要选择质性研究和量化研究的方法,不可偏废;整体规划上,学生修读的研究方法课程要构成一个序列,内容逐步深入。这种系统的方法训练,可以保证博士生较为全面地掌握研究方法,并能有效运用于实际的研究中。

我国高等教育学博士的研究方法训练亟待加强,有研究分析我国 2005—2014 年间 379 篇高等教育学博士学位论文的研究方法,发现思辨类研究仍占大多数,实证类研究偏少,研究方法总体还较单一,定量数据的研究不足[10]。而我国高校对方法类课程的重视依然不足,如北京师范大学和华东师范大学的博士生课程体系中,方法类课程均仅要求修读 2 个学分[11]。加强研究方法训练,构建由浅入深、综合全面的研究方法课程体系,不仅能发展高等教育博士生的研究能力,也有利于提升我国高等教育实证研究的水平。

(三)重视跨学科基础的培养,注意选课的系统性

跨学科的理论视角和分析工具可以拓展高等教育学学术视野。高等教育学的教学、研究人员,可以从历史学理解大学的发展历程,从哲学视角理解大学理念的更替,从心理学角度研究高等教育的个体特征,从经济学理解大学与社会发展的关系,从社会学理解机会公平和社会分层,从政治学理解高校的权力关系,从管理学思考高等教育治理等。跨学科课程也是高等教育学博士生培养的重要平台,事实上,综观高等教育学开设的课程,很多都是建立在多学科的视角之上。因此,高等教育学博士有必要在其他学科进行较为深入的学习,4 所大学的培养方案中也都对跨学科选课有一定要求。

当然,跨学科也不是学生可以随便选课,制度上应对选课有一定的限制。对博士生而言,较为系统地了解另外一个学科的理论和方法,比泛泛学习多个学科的皮毛更有价值。UCLA 明确选课需要在一个特定主题下,威斯康星和斯坦福都鼓励学生在另外一个学院获得博士辅修的学位,保证跨学科的学习有一定深度。为了保证培养质量,4 所大学都明确规定,学生跨学科的选课方案必须得到导师或者学生事务负责人的批准。导师需要审核学生所选课程是否与学生的兴趣和培养目标相关,是否对学生发展有益,以及是否在同一学科或主题下且具有一定深度。

(四)完善考评体系,强调过程性考核

严格的过程管理和完善的考评体系是国外顶尖高校重要的质量保证制度。

4所大学的高等教育博士生过程性考核都是围绕培养目标设计的，与学生发展直接相关。内容上，有在起始阶段的研究规划审查，帮助学生明确兴趣、合理规划博士生生涯；也有各种形式的资格考试，不是识记性质的知识性测验，而是重点考查学生所学知识和方法的运用，针对现实问题进行分析和研究的能力。形式上，多采用笔试和面试相结合的方式，既考查学生的分析与写作能力，也可以通过口头答辩来考查其学术表达和应变能力。博士生资格考试一般有两次，对于未通过的博士生，各学校明确规定导师和学院会讨论适当的方案。国外博士生资格考试也实行末位淘汰制，淘汰率一般为10%～25%，部分学校达30%甚至更高[12]。而我国学术型博士生的课程考核和综合考试淘汰率几乎为零，一些考核流于形式[13]，没有有效发挥筛选或者监督的作用。

评价本身不是目的，博士生的考核制度更多应作为一种督促的手段，推动博士生如期完成课程、认真对待学业。一项对国外多所高校博士生资格考核制度的研究发现，相对于借鉴考核为主的选拔制度，不如多参考资格考核前的培养环节[11]。围绕培养目标，设置规范严格的过程性考核，本身也是为博士生提供一个巩固学科知识、发展研究能力的机会。因此，我国高等教育学学术博士培养有必要建立正确的评价观，加强过程性考核，采用综合的培养措施，保证培养质量。

## 参考文献

[1] 陈洪捷，赵世奎，沈文钦，等.中国博士培养质量：成就、问题与对策[J].学位与研究生教育，2011(6).

[2] 胡建华.中国高等教育学科发展40年[J].教育研究，2018(9).

[3] L. F. Goodchild. G. Stanley hall and the study of higher education[J]. The Review of Higher Education, 1996, 20(1):69-99.

[4] 杨丽娜.美国高等教育学专业人才培养及特征研究[D].保定：河北大学，2019.

[5] 张国平，高耀明.美国大学高等教育学专业研究生培养的特色及其启示[J].高等教育研究，2019(9).

[6] 童星.我国高等教育学博士学位论文研究方法的特点及变化趋势——基于2005—2014年379篇博士论文的研究[J].中国高教研究，2015(9).

[7] 徐玉珍，杨菲.博士生资格考核制度：淘汰机制还是促进机制——基于美

国7所大学教育学博士资格考核前的培养过程分析[J].现代教育科学,2019(8).

[8] 于书林,乔雪峰.博士生资格考试:过滤器还是导航仪?[J].学位与研究生教育,2012(9).

[9] 包水梅,谢冉.中美学术型博士研究生课程修读之比较研究[J].江苏高教,2012(5).

(本文原载于《中国高教研究》2020年第6期)

# 博士生培养模式的中外比较研究

洪成文

**洪成文**,北京师范大学高等教育研究院原常务副院长、教育学部教授、博士生导师。已培养博士生22位。

博士生培养是一个既有共性也有个性且个性大于共性的教育命题。为了探讨博士生培养的质量提高方法和手段问题,本文从三大视角来凝练提高博士生培养质量的途径和方法。从国外主要国家研究型大学探讨博士生质量提高的方法和路径及其变化。从颇具经验的名师博导那里研究他们积累的宝贵经验。从自我经验的角度,探讨笔者在博士生培养中曾经使用且实际有效的方法。主要的设计思路来自两个基本问题:人们对博士生培养的过程到底有哪些不满?实践中已经显现出的比较成功的经验在哪里?特别是英国、美国和德国三个国家的研究型大学中的博士生导师在提高博士生培养质量上所积累的经验以及演变的趋势。外国经验的提炼可以给我们的博士生导师同行们,特别是年轻导师,打开一扇窗户,有一目了然的效果。

## 一、国外博士生培养的三种主要模式

博士生培养虽然有个性特质,但是传承上也还是有英国、德国再到美国的传承。美国博士生培养虽然有自己的特点,但多是从英国和德国那里学习和演变而来的。英国的教育承继的主要是精英式培养,德国的历史特点是师徒制,而美国相对宽松,模式多样,强调以竞争为主。

1. 自由而精英式的英国模式

英国的博士生培养一直享誉世界,具备最高水平,受到了同行导师的广泛肯定。英国的博士生具体培养过程中体现三大特点:一是崇尚古典自由主义思想,既要有学术高度,更需要知识面的宽广。纽曼的大学理念和自由主义教育思想在人才培养过程中深入人心。提供自由辩论的机会在牛津和剑桥大学都是根深蒂固的,培养博士生不是把博士生当学术匠人去培养,而是作为一个追求真理的自由探讨的学者来塑造。英国导师指导学生有句经典之言：We teach you nothing about everything。其意是传授知识并非本质，提高解决问题的思维至关重要。导师带学生，无异于放风筝，风筝的线要放得尽量长，但是这个线，导师不能不抓紧。二是舍得在培养中投入精力。虽然导师制是英国的发明，但是越来越多的实践证明，博士生不应满足于一个导师的指导，他们需要更多的导师在更多层面和渠道的学术刺激，于是，英国普遍设置了双导师制，或导师组（panel）。同时，为学生提供更多接触导师的机会。一般情况下英国导师指导的学生在3~5位，也从制度上确保了导师指导学生的精力和时间。三是课程上追求多学科和实践导向，且具有典型的跨学科性。从牛津大学的教育学课程设置我们可以看到课程的广度。学科门类涵盖心理学、认知科学、语言学、统计学、文化学、经济学、哲学、政治学、社会学、管理学、公共政策学、社会学、文化学、计算机网络、统计学和传播学等。三个特点贯穿于英国博士生培养的全过程，成就了英国博士生培养的高水平。

2. 转型时期的德国博士生培养的混合制

德国博士生培养承继的是柏林洪堡大学的办学传统，以“造就学术研究接班人”为目的，重视科研能力的训练，强调独立思考，需完成一篇高水平的、足以证明其学术成果的博士学位论文。这可以看作是德国博士生培养的师傅带徒弟模式。这种模式仍然是德国博士生培养的传统之一。与此并行的是另外一种培养模式，即所谓的结构化模式。结构化模式开始于20世纪80年代，是由德国研究协会（DFG）资助建立的一批研究生院。同时，结构化模式也鼓励大学与德国四大研究机构（以马普学会为例）合作培养博士生。这个项目随后得到了德国大学卓越计划的进一步强化。其特点主要是强调跨学科的培养，其次是对导师指导学生的行为加以规范，改变了以往的师傅带徒弟的随意性，手段是通过签订协议来促进导师与博士生之间的学术交流。此外，结构化模式下的博士生可以获得研究基金，相比大学的博士生，经济上相对优越，不用非去担任助教。据有关研究表明，结构化模式下的博士生获得学位的时间相对较短。原因是他们可以专心于自己的研究。

3. 模式多样且淘汰率高的美国模式

美国博士生培养，从研究型大学看，主要体现三个特点：首先是途径和多样化，每一个学校都有自己的安排，甚至每一个导师也不完全一致。其次，拓展博士生知识面是大多数学校共同的探索。或通过跨学科课程的学习，如哈佛大学教育研究院与政府管理和心理学专业的合作；或通过实验室轮转制，让学生在实验室内参与不同的课题研究和实验，接触三到四个研究课题或方向，为其未来选题奠定基础；或让研讨会更加人性化，比如通过网络视频会议，让学生更多地参加学术研讨，使他们的知识面得以拓展。第三，导师组的存在也为博士生的全方位指导提供了智力基础。单一导师制，从责任感方面来说，有好的一面，但是从学生的需求方面来看，显然有力不从心的一面。美国研究型大学往往以导师组的形式，为指导博士生增加了更多的可能性。导师组也为学生提供了选择和更换导师的权利。当然，美国博士生还有一个特点，就是淘汰率很高。而较高的淘汰率也暴露了美国博士生培养的一些问题，比如导师因学生数量大而精力不够，以及学生入学把关不严，等等。

## 二、国内资深教授博士生培养的经验和倡导

为了研究的方便，我们主要从大家广为熟知的教授中选择了顾明远、潘懋元和杜善义三位博导，他们的经验既是个人的积累，更是一个时代的产物，是我国恢复博士研究生制度以来的第一批导师的缩影。他们不仅是我国博导的代表，也是一代导师的楷模。

1. 顾明远教授论博士生培养

顾明远教授是我国教育界的泰斗级人物，他不仅是比较教育学科的主要创始人，也对很多学科的发展起到了引领性的作用，比如教育技术等后起学科。顾先生曾经担任中国教育学会会长和北师大研究生院院长。他指导的博士生有百余人。他在博士生培养中积累了很多宝贵的经验。他经常说，研究比较教育的学者必须了解中国国情。当问题植根于中国大地，就能确定好研究的方向。就博士生培养而言，这就是选题问题。题一旦选好了，博士生教育的过程就不再困难了。在选题上，既要引导研究生关注学科发展的前沿课题，又要指导他们关注时下教育实际问题，并且实事求是地根据研究生的具体条件选择适宜他(她)能够完成的课题。其次，顾先生对博士生的要求高于普通标准。他说，对于博士研究生，应该有更高的、更远的要求，要培养的是学科带头人。学科带头人，就是要在学科的某一领域有较深造诣的学者。任何一个学科带头人都不可能占领整个学科，只能在某个领域成为真正的专家。博士研究生如果选题合适，就能使他在某个领域中钻研下去，成为专家，成长为学科带头人。因此，指导研究生选题，就要为他(她)的长远发展考虑。他还有一句经验之谈——小题大做，宁愿做小题，别去盲目找大题。此外，他

非常重视博士生自己的个性发展。博士生的知识基础不同,方向兴趣有异,怎么能做同质要求呢?他认为在博士生培养质量方面,既有导师的问题,也有制度的问题。我们的教育处处说要培养创造性人才,但我们的人才培养模式却处处限制思维。顾先生曾对《中华人民共和国学位条例》的起草贡献很大,对于条例的规定,他不止一次地指出:条例是1980年的产物,有些规定在当时是正确的,但是随着时间的发展需要做出相应的调整。他还指出,博士研究生的学习年限应该宽限到三至五年,以便让博士研究生做完他的研究。现在的情况是,研究刚刚要深入,但时间已到,匆匆忙忙地结题,写完论文,完成答辩。学制过短的问题直接影响了博士生培养的质量。学生因为时间不够,需要做实地调查的做不了,要做的实验来不及完成,研究不能深入,何论博士生培养的质量?

2. 潘懋元教授论博士生培养

潘懋元教授是厦门大学资深教授,我国高等教育学新学科的倡导者。潘先生带博士的经验可总结为三点:选好苗子、培养思维、理论与实践相结合。首先,如何选择好苗子呢?招生的时候,就要看他合适不合适做研究。只有那些对科学研究有"强烈探求欲望",愿意终生为这一学科的发展做贡献的人,才合适做(高教)研究。他说得很直白,"古往今来,以学术为志向的仁人志士通常需要有强烈的兴趣和锲而不舍的精神来支撑其探索"。[1]其次,要通过沙龙或辩论提高博士生的思维水平。潘先生的周末学术沙龙就是他培养学生思维能力的重要一环。他的学术沙龙发轫于抗战时期老厦大的遗风,一直传承发展到今天,最终演化成了潘先生培养博士生的一大特色。周末沙龙甚至吸引了很多国际同行专家,并得到了许美德和大冢丰等国际学者"点赞"。第三,理论必须联系实践。潘先生从研究兴趣,到论文选题,一直到解决方法,都要求与实践关联起来。为了帮助大家更多地了解实践,他不仅带学生在国内做调研,而且还到国外高校做调研。通过实践经验积累,博士生可以规避藏在象牙塔里可能造成"自我囚禁"的危险,走出书斋,面向教育实践,在实地调研的基础上,成就一种新的"践行之学"。

3. 杜善义教授论博士生培养

杜善义院士是我国力学和复合材料领域的主要学科带头人,哈尔滨工业大学教授。他的博士生培养经验可以提炼为四点:第一,提高博士生质量,首先要重视综合素质和创新能力的培养。博士既是学校学科建设的培养成果体现,同时又是学校学科建设和科研生力军。只有重视综合素质、创新和创业精神,才能提高分析与解决实际问题的能力。培养过程中要坚持好“导与学”的关系,只有导师的水平而没有学生能力体现不行;只有学生主动而没有导师的责任也不行。第二,打铁还需自身硬。杜院士强调博士生导师“应具有适合于博士学位论文的高水平研究方向和科研项目”,意思是科研引导培养。好的导师,就要当“明师”。[2]所谓“明”,是明白的“明”。他以钱学森先生为例指出,钱老是世界级的科学家,他之所以能在许多方面做出重大贡献,不仅因为学术研究,而且因为他那种思想家的高贵品质。钱老的学术生涯始终贯彻爱国主义思想,科研过程中强调辩证法思想、“大科学”思想和“思维科学”思想,科学作风坚持的是严肃、严谨、严格的“三严”原则,值得年轻导师学习。在他看来,导师应持续完善自己,将自己发展成为名副其实的“明师”。第三,导师要重视学生非智力因素的培养。如何培养呢?杜院士指出,应把学生的非智力因素和智力因素有机结合起来,引发学生的兴趣和好奇心,这都是创新的源泉。创新是人类永恒的主题,培养博士生,创新精神和能力最为重要。第四,要善于建立开放型博士生培养体系。一要鼓励国内高等学校与科研机构的联合培养,二要积极开展国际交流与合作,努力使我们的博士生培养水平“在可比方面达到和接近国际先进水平”,增强在国际上的竞争力和影响力。

## 三、“三跨界”:我的个人探索

在十多年的博士生培养过程中,我始终保持一个清新的认识:单个导师的力量总是有限的,即使在责任上没有半点的懈怠。那为什么个体力量如此薄弱?我的探索建立在两个认知之上:第一,博士生获取信息的渠道无限多样,且获取新知的能力比我们强。在面临同样的新知时,他们具有优势。第二,我们都是“文化大革命”以后入读大学的,中等教育因为“文化大革命”的破坏几乎成了空白,也就是说,我们这一代学人,知识基础是不太牢固的,且后天因为工作太忙而能补救过来的知识是有限的。鉴于这两个认知,我总结了“三跨界”的培养模式:一要知识跨界,辅修其他课程;跟随其他导师学习是第二跨界;三要选题跨界,论文选题善于在跨界的地带着手是最关键的跨界。基于跨界,落脚于跨界,不仅可以弥补导师个人力量的局限,也给学生以更多展示个性的机会。

### 1. 知识跨界

博士生的知识结构没有绝对的好模式,但是在本专业基础上有一个辅修,是个不错的选择。第一,考虑问题、思维方式多样了。第二,选题好选择了。因为有辅修，而主修的科目是导师的，找一个交叉地带，就容易找到课题方向了。第三，知识越跨界，学习越努力，越容易避免很多博士生的骄傲自大，以为能考的我都会了，老师也很难有什么新意了。跨界的学生永远会有一种压力：还有没学到的新知识。如何让博士生拥有一个相对跨界的知识结构？可通过招生时有意识地挑选教育学科以外的学生，比如物理、数学和哲学等。或者通过选题而拓展。如果他们是教育学出身，那么就要有意识地引导他们辅修一些学科。如何引导呢？将博士论文选题从传统选题范围中跨出来。只要有创新，就一定会跨界，知识结构的改造就有可能了。

2. 导师跨界

所谓导师跨界，是指让学生获得更多导师的指导。每一个研究机构都有很多同行导师，只要论文写作需要，一般我都鼓励博士生主动去请教同行导师。当然，国内导师都很忙，请教也要控制好度，否则，也有打搅之嫌。也有学校有导师组的安排，这是比较好的。但是我们学校没有这个制度安排。在这种情况下，我就鼓励学生申请留基委的出国交流项目，只要有机会，就尽量出国去。我能帮助的就是把国外的教授或导师介绍给学生。他们一旦出国，就自然获得了国外导师的指导。这些学生回国后仍然与国外导师保持着紧密的联系，说明外国的临时导师指导是有一定效果的。而这些国外导师也成为我的学术朋友，与他们的合作，也对我的科研有所助益。

3. 选题跨界

博士生选题是个非常复杂的事情。复杂问题可以简单化。选题的跨界，通常有两点考虑：第一，在不同学科之间选择课题更易创新。如此选题，很容易触及新地带和新领域。而新地带也最容易出成果。有研究表明，近五十年诺贝尔奖获得者的成果，绝大部分都是在交叉地带产生的。博士论文选题，从交叉地带出发，创新多了一份保障。第二，在我和学生之间做折中。何谓折中呢？我有我的研究专属领域，他们有他们的知识基础。如果要让学生自由选题，也很好，但是学生犹豫不决的期间会更长，题目出不来，也会影响他们的研究自信。其实，让学生与导师相向而行，问题就迎刃而解了。比如，如果学生的知识背景是法律，而我的研究兴趣在大学筹资，结果就是大学筹资的法律问题研究。如果学生的知识背景是数理知识，我的兴趣在大学筹资，那么选题就被确定在大学筹资的风险控制研究了。如果学生的知识背景是心理学，我的兴趣是大学筹资，那么选题就确定在校友捐款意愿的调查上。如此折中，指导学生选题将变得更加容易。跨界选题的好处有三：比别的同学题目决定得早；学生完成论文用时少；成功率增大。

起于“三跨”，落脚于“三跨”，逐渐提高了我指导学生的自信，而学生们也与我一道组成了一个强大的大学筹资研究团队。我们共同努力，在理论上铺路垫石，为更多的学者将从事这方面的研究，奠定一定的基础。

## 四、形而上层面的优秀导师与修养

我们何以为导师？有了学位就有资格了吗？有个教授头衔就可成为导师了吗？当然可以，但这只是导师之所以成为导师的学术基础。当导师是一个过程，是一个不断修养的过程。导师只要有一点点的满足心理，一点点骄傲自得的矫情，导师的修养和完善过程也就随之停止了。优秀导师，形而上地看，在修养观、弟子观和人生观上一定要站高位、有特点，与众不同。撇开学科和个性差异，好导师至少要具备三个基本面：要有青出于蓝胜于蓝的胸怀；要有陪同弟子一同成长的耐性；要有如获至宝的感激心理。

1. 要有青出于蓝而胜于蓝的胸怀

最能够表现导师成功的一点就是看到自己的弟子超过自己。今天我们可能在学识上略高于弟子，但我们不愿意看到弟子的学识永远在我们之下。然而，不是每一位导师天生就有这样的胸怀。能否具备此胸怀，就需要导师艰苦的修炼。这就是我们强调的一点：导师从来不是一个静止的高度，而是一个不断修炼的过程。修炼就是修德。而德至于导师之重要性，有了太多的论述。如果这一胸怀有了，你便可以释放所有的技能于弟子，你会为弟子们的每一点进步而欢呼，你也会不惜用尽一己之全力帮助弟子成长。如此，青出于蓝而胜于蓝实现的可能性就大了。

2. 要有陪着弟子慢慢成长的耐性

年轻导师常犯的错误是抱怨多。抱怨什么呢？抱怨弟子成长速度太慢。因为抱怨多，所以责备也就多：你们为什么不能再勤奋一点？你们为什么不能像隔壁导师的弟子一样优秀？你们为什么投靠我的门下来“祸害”我？虽然抱怨可能出现在很多导师身上，但是我只能做一点简单的分析：抱怨越多，失望越多。如何减少失望呢？那就是要尊重学者成长的基本规律。学术成长可能一蹴而就，但绝大多数都是长期修炼的结果。慢节奏、慢成长不一定是学者成长的普遍规律，但大多数情况下不可能一天一夜建成一座罗马城。鉴于此，好的导师，一定是有耐心的。因为有耐心,所以他们不着急,少抱怨,多肯定。潜移默化中,就为博士生们的成长创建了好的氛围。

3. 对弟子有如获至宝之感激心理

导师应该持什么样的弟子观? 应该有如获至宝的感激心理。为什么要感激呢? 这就是我们从佛教长老那里得到的启发。台湾佛教界代表人物证严法师就常说,要对有苦难的人心存感激。为什么呢? 因为没有他们,我们就没有做善事的机会了。有了感激心理,他不会因为做善事而感觉到累,也不会感觉做善事显得麻烦。有鉴于此,作为导师,我们也要有一个正确的弟子观。导师所招收的弟子不可能都有最高水平的智商。客观上,有快慢之分,也有智愚之差。当你把任何安排都理解为理所当然,问题虽未必全都解决,但是大部分的问题都可以解决了。因为你不会去抱怨,因为你会想出最合适的引导方法,因为你会抱着感激的心理去帮他,虽然你的工作回报没有增加,但是情绪和过程都舒服多了。每招收一位新的博士生,如果有如获至宝之感,那么,培养博士生,还能有什么困难难倒你!

## 五、培养博士生的学术自信,导师应有所为有所不为

博士生的学术自信,指的是对学术的积极态度的总和。越是积极投身于学术,学术自信越强大。很多博导也都从不同方面提出了如何提高博士生自信,进而提高博士生培养质量的诸多建议。前文所及的顾明远教授和潘懋元教授等都从理论联系实际的角度探讨了如何提高博士生培养的质量问题。有学者认为学生要做好选题工作提高研究质量,特别是选题要契合导师的科研兴趣和方向。[3]还有学者主张学术跨界培养,以提高博士生培养的质量。[4][5]还有学者从国际比较的角度提出了提高博士生培养的效率等问题。[6]可以说,博士生能力培养的建议有很多。那么什么是大家认为都重要,但却往往被忽视的关键因素呢? 从成败论,博士生成长失败的原因很多,但成功的理由就只一条:自信有了,一切都有了。因此提高自信就是博士生培养过程中最关键的一条。

自信与导师有何关系? 自信的培养建立在平日的交往里,导师对于弟子的自信或自信心要像保护水晶一样,一言一行都要注意谨慎,否则打碎的水晶是难以“破镜重圆”的。自信建立在选题和论文的写作过程中。我们见过有这样的同学,开题会竟然开了三四次。在一次次否定中,这位同学的自信被击打得粉碎。所以频繁更换选题不可取。最后,自信产生于博士论文的收尾阶段。博士论文答辩前,

与导师相关的有三次常规修改(初改、二改、定稿)。论文修改意见都是一针见血的,但是导师也得万分小心,即注意与博士生的沟通语气,不可暴风骤雨,而要和风细雨。论文修改阶段,培养自信的方式其实很简单,只要找到一两点值得肯定和表扬的地方即可。论文从资料获得、调查方法,到谋篇布局、思维逻辑,再到语言流畅和对策建议,可以表扬的地方并不很难找。即便找不到,也可以从提交论文的时间较早和乐于听取老师的建议,修改得很快等方面加以肯定。要知道,这个关键过程中,培养自信只需要导师一点念头。导师肯定越多,学生自信越多。

当然自信也不全是关于论文写作上的,导师还要善于为学生提高和培养自信创造机会。要多让学生参加学生会议;要鼓励学生多提问题;要鼓励学生在研讨会上积极发言;要鼓励学生独立完成一些科研项目;要让学生有更多论文发表。也就是说,博士生自信的培养一定是与学术经历和学术进步相关联的。脱离了学术本身,培养自信的意义就不大了。

## 参考文献

[1] 殷小平,游玉华.谈潘懋元教授的博士生培养之道[J].西南交通大学学报(社会科学版),2007(5).

[2] 范皑皑,沈文钦.什么是好的博士生学术指导模式?——基于中国博士质量调查数据的实证分析[J].学位与研究生教育,2013(3).

[3] 董贵成.导师培养博士生需要关注的若干重要环节[J].学位与研究生教育,2018(9).

[4] 刘亚敏,王声平,关荆晶.美国一流大学博士生培养过程管理:特征与启示[J].研究生教育研究,2019(6).

[5] 陈玥,翟月.美国一流研究型大学博士生教育内部质量保障体系研究——以加州大学伯克利分校为例[J]外国教育研究,2017(7).

# 高等教育学博士生培养的国际化问题研究

李盛兵

**李盛兵**，华南师范大学粤港澳教师教育学院院长、教授、博士生导师。已培养博士生2名。

## 一、问题的提出

对高等教育学博士生培养工作进行反思性检视和研究，是博士生教育的一种元研究。作为一位高等教育学专业的博士生导师，对自身的人才培养工作进行检讨，有助于提高对本专业博士生培养的规律的认识和存在问题的警醒，进而改进自己在博士生培养上的教育理念、态度和教育方法，裨益于我国高等教育学科博士生培养工作的科学化、专业化和优质化。

从所查到的文献来看，对高等教育学博士生培养问题的反思性研究相对较少，有近十篇论文，但是对我国博士生培养问题的研究则有四十多篇。从对培养工作存在的问题来看，这些文献指出了六个方面的问题：一是博士论文缺乏原创性问题。陈洪捷在分析2007年教育部、人事部和国务院学位办三个部门共同发起的博士生质量调查工作时指出："我们博士论文的原始性创新较少。相比之下，国(境)外一流大学的博士论文在开辟一个很新的领域，进行原始性创新方面比我们强。可以说，在博士论文的创新方面，我们是以二次创新取胜，而真正的原始性创新是我们的弱项。"[1]同样，高等教育学博士生培养也存在原创性不足的问题。二是博士论文缺乏实证研究方法。童星在对2005—2014年319篇高等教育学博士学位论文分析中，发现"近十年我国高等教育领域思辨类研究仍占大多数，实证类研究偏少"。[2]三是博士生选拔问题。王运来等指出高等教育学博士生选拔，存在"区域分布不均、招生方向存在部分重复设置等问题"。[3]四是学位论文选题问题。雷舒淇和马翠军指出，高等教育学博士学位论文选题存在"重宏观研究，微观研究不足；重国内研究，国际研究不足；重应用研究，基础研究不足"[4]等问题。五是学位论文研究规范问题。薛南通过对2001—2018年被引用频次最高的50篇高等教育学博士学位论文分析，指出我国高等教育学博士学位论文在研究规范上存在“主体部分结构比例不协调、文献综述问题意识不突出、研究设计及方法意识差、研究的意义与问题混淆、缺乏研究伦理规范等突出问题”。[5]六是导师队伍建设问题。李明忠等提出，我国高等教育学博士生导师队伍存在年龄偏大、女性较少等问题。[6]

上述六个问题无疑是中国高等教育学博士生培养亟须改进的，尤其是在原创性、规范性和实证性三个关键方面。除此之外，国际化也是高等教育学博士生培养过程中长期存在的一个突出问题。我们知道，国际化是博士生培养的重要趋势，质量提升的主要手段，高层次人才培养的必要途径。我国高等教育学博士生培养的国际化水平高低关系到该领域高层次人才的培养是否达到国际水平。在美国，国际博士生给美国博士生教育尤其是科学领域的教育带来了全球观点和知识背景。[7]在欧盟，74.6%的博士生有短期出国研修的经历。[8]本文主要以华南师范大学及其他三所“双一流”建设高校高等教育学博士生培养为研究对象，探讨该学科博士生培养中的国际化问题。

## 二、博士生培养国际化存在的问题

对高等教育学博士生培养国际化问题的考察，本文基于以下两点考虑：一是以华南师范大学高等教育学博士生培养为个案，结合其他三所“双一流”建设高校高等教育学培养方案及相关信息。华南师范大学高等教育学博士生导师有 5 人，在读和已毕业的博士生 30 余人。二是博士生培养国际化的分析框架是培养目标、导师队伍、课程设置、博士生国际流动四个方面。虽然本文所观察的个案较少，但是较为具体深入地分析了高等教育学博士生培养国际化问题，避免了泛泛而谈。

1. 培养目标国际化没有受到足够的重视

培养目标是依据国家教育目的和各级教育性质、任务所提出的具体培养要求，规约着博士生的课程体系、培养过程以及毕业评价。《中华人民共和国学位条例》(2004 修订)提出了博士生培养的三方面要求：一是在本门学科上掌握坚实宽广的基础理论和系统深入的专门知识；二是具有独立从事科学研究工作的能力；三是在科学或专门技术上做出创造性的成果，即基础性、研究性和创造。从上述三点来看，并没有直接对博士生培养提出国际化要求。华南师范大学高等教育学博士生培养方案提出“所培养的人具有：坚定正确的政治方向，爱国守法，品行端正；坚实宽广的基础理论和系统深入的专门知识，以及开阔的研究视野，独立地、创造性地从事高等教育研究工作的能力，在本研究领域作出有创造性成果；熟练掌握一门外语；身心健康”。该培养方案除了要求掌握一门外语外，对国际化只字未提。况且，仅就一门外语的掌握情况看，博士生的培养要求也远未达到熟练的水平。

再看其他三所“双一流”建设高校高等教育学博士生培养目标国际化情况。A 大学高等教育学博士生培养目标与华南师范大学一致，仅提出要熟练掌握一门外语。B 大学只提出要“了解世界高等教育发展概貌”。只有 C 大学高等教育学博士生培养目标明确提出了国际化要求，提出学术型博士研究生应“具备较宽的国际学术视野和较强的国际学术交流能力，能较熟练地运用至少一种外国语阅读教育学科外文文献资料”。[9]

从这四所大学高等教育学博士生培养目标的国际化来看，多数意识不强，缺乏对本学科博士生培养具有国际学术视野和交流能力的高层次研究人才和管理人才的目标定位。这种缺失，对建设世界一流高等教育学科，培养世界一流高等教育学科高层次人才，是很不利的，负面影响将会是深远的。

2. 导师队伍国际学位获得者少

名师出高徒，教授学术水平的高低直接制约着博士生教育的质量。导师的国际化水平也决定和影响着博士生培养的国际化水平。导师队伍的国际化水平可以从本土导师的国际经历、外籍导师、导师的国际刊物发表论文以及国际合作研究四个方面进行考察。

华南师范大学高等教育学博士生导师均具有国外学习经历，曾在美国、英国、加拿大等世界一流大学教育学院学习，并与这些学院的一流教授建立了密切的联系。但是，导师队伍中无人从国外大学获得学士、硕士、博士三级学位中的任一学位。也就是说，博士生导师没有接受过完整的国外一级学位教育，对国际高等教育学博士生培养的完整经验明显缺乏。华南师范大学高等教育学也缺乏外籍博士生导师，教师队伍的开放性不足。此外，大概有一半的导师在国际刊物发表论文，与国外导师（或教授）进行过合作研究，但是论文数量还是很少，合作研究的持续性也不算理想。

A 大学高等教育学有 4 位博士生导师，1 人获得英国大学教育学博士学位，其他 3 人有一定的国际学习经历。发表国际学术论文的导师有 1 人（英国教育学博士学位获得者），外籍导师缺乏。B 大学有 7 位高等教育学博士生导师，多数有国际学习或访学经历，无人获得任何一级国际学位，国际合作研究和在国际刊物发表论文数少。C 大学高等教育学 13 位博士生导师中,多数有国(境)外学习经历,有 1 人在香港大学获得硕士和博士学位,外籍导师也缺乏。有国际合作研究和在国际刊物发表论文的导师有 3 人,在整个导师队伍中比例不高。[10]

通过对该四校高等教育学博士生导师的国际要素分析可以看出,博士生导师队伍多数具有国外或境外访学、学习经历,但是具有国际学位者少,外籍导师缺乏,国际合作研究和国际论文发表的能力弱。导师队伍的这种低国际化,严重影响高等教育学博士生培养达到世界水平。

3. 课程设置国际化意识薄弱

我国博士生培养模式与欧洲大陆重视科研的学徒式不同,采取的是美国博士生教育模式,即由课程学习和研究论文构成的混合模式。[11]课程是对教育的目标、教学内容、教学活动方式的规划和设计,是大学人才培养的核心要素。博士生课程国际化水平体现了博士生的国际化培养目标水平,也决定了高等教育学博士生的培养水平。课程国际化包括开设外语课程、国际比较课程、国际主题课程以及含有国际知识的专业课程或通识课程,并使用外语作为教学语言。

华南师范大学高等教育学博士生课程由六门必修课(包括两门公共必修课、两门学科基础课和两门专业必修课)和两门选修课构成。必修课中除了一门外语课,并没有上述的外语教学语言、国际比较课程、国际主题课程等国际化课程。当然,各专业和学科课程都会涉及较为丰富的国际历史知识和学科前沿知识。选修课仅有一门是国际化课程。可见,华南师范大学高等教育学博士生课程的国际化水平反映了本学科博士生的培养目标定位,缺乏明显的国际化意识。

从其他三所大学高等教育学博士生课程设置来看,A 大学设置了四门课程,其中公共必修课两门,专业课两门。涉及国际化的课程有两门,一门是英语,另一门是高等教育重要文献选读,后者包括一些国外高等教育经典著作。此外,另外一门专业课——研究方法课程,也包含了国际方法论知识。B 大学高等教育学博士生课程包括五个模块十二门课程,而只有两门外语课程是国际化课程,其他课程涉及国际知识。C 大学高等教育学博士生课程设置了公共课、必修课、学科选修课三大模块共计 58 门课程(博导多、研究方向多),其中国际化课程有十门,包括外语、外国教育史、外国高等教育、区域高等教育以及全球化等。C 大学高等教育学博士生课程国际化水平比较突出,也恰恰反映了其培养目标的国际化特色。所以,从这个角度来看,培养目标的国际化定位直接决定了课程的国际化水平。

4. 博士生国际流动规模小

博士生国际流动是博士生教育国际化的主要形式，是实现高等教育学博士生培养目标的重要路径。博士生国际流动包括出国留学和来华留学两种形式，对本学科博士生教育国际化和全球化意义重大。世界主要国家都非常重视博士生国际化工作，美国把招收其他国家的博士生作为招揽高层次人才的重要手段。据统计，2015 年在美国获得哲学博士学位的外国学生总数为 16 083 人（其中中国学生占近 1/3），约占美国获得哲学博士学位总数（55 006）的 30%。[12] 我国政府也非常重视博士生国际流动工作，国家留学基金委设置"博士生出国学习项目"，每年资助出国攻读博士学位和联合培养的博士生分别达到 3000 人和 6500 人。此外，还设置各种政府、高校奖学金资助海外博士生来华学习。2016 年，来华留学的国际博士生有 18 051 人，占中国博士生总数的 5.3%。[13]

华南师范大学高等教育学博士生国际流动规模比较小。30 名博士生中有 3 人出国进行短期学习交流，来华博士生仅 1 人。其他三所"双一流"建设高校的出国博士生交流和来华博士生学习比例估计会高一些，但也有限。这种低比例，也反映在博士生学位论文的研究上，体现出对国外高等教育理论理解不深，对国外高等教育实践及政治、文化背景了解得不具体入微，影响着博士生的国际视野培养以及对国外高等教育先进经验的借鉴。

## 三、改进建议

高等教育学博士生培养国际化所存在的问题，有些是由于我国博士生教育发展处于初级阶段，有些是由于学科点导师队伍的国际视野和国际交流不足。有些问题是短期可以解决的，有些则需要长期的关注与发展。但是，无论如何，我国高等教育学博士生培养国际化都不可或缺，也是"双一流"建设的必然要求，需要大力改革与发展。

1. 要把全球、区域和国际的视野整合进高等教育学博士生培养的全过程

高等教育国际化是"在院校与国家层面，把国际的、跨文化的、全球的维度整合进高等教育的目的、功能或传递之中"[14]。高等教育学博士生培养国际化，也应该把全球的、区域的、国际的视野整合进整个培养过程中，包括培养目标、课程设置、教学方法、论文写作以及师生的国际交流等方方面面。全球化时代、"一带一路"倡议、国家现代化愿景以及"双一流"建设和学科建设，都要求高等教育学博士生

培养顺应新的趋势，积极更新传统的博士生教育观念，放眼全球实践和服务国家战略，推动高等教育学博士生培养的全球化、区域化和国际化。

2. 招聘国际导师，开放博士生导师队伍

导师的国际化是高等教育学博士生培养国际化的关键要素。其本身的国际视野、国际知识、国际学术网络都深刻影响着博士生的培养过程。从上述分析来看，高等教育学博士生导师队伍存在缺乏国际学位获得者和外籍导师、国际论文发表能力弱等问题。因此，最直接和简洁的办法就是开放博士生导师队伍，从国外招聘高水平的外籍教授和副教授，充实导师队伍，提高导师队伍的开放性和国际性。从我国经济社会发展和高等教育发展的形势来看，"双一流"建设高校高等教育学博士生培养单位已经具备吸引和招聘国际知名学者进入导师队伍的条件，所需要的是开放思路，积极作为。

3. 加强国际联合培养，提高博士生国际化水平

鉴于高等教育学博士生国际流动规模小的情况，各培养单位需要从国际合作办学和联合培养的视角来加以改进。一方面，通过合作办学和联合培养，精准施策，招收更多的高等教育学国际博士生，扩大博士生培养来源的多样化和文化的多样化；另一方面，可以通过合作把国内的博士生送到国外或境外一流大学高等教育学博士生培养机构学习和研究，深入了解国外的政治、文化、高等教育实践以及前沿理论、方法，扩大本土博士生的国际学术视野和国际学术交流能力，融入国际高等教育学术网络，提升我国高等教育学高层次人才培养的学术水平。

## 参考文献

[1] 陈洪捷. 结合博士生质量调查，谈杰出人才培养问题[J]. 大学(学术版)，2011(2).

[2] 童星.我国高等教育学博士学位论文研究方法的特点及变化趋势——基于2005—2014年379篇博士论文的研究[J]. 中国高教研究，2015(9).

[3] 王运来，全守杰，陈滔娜. 高等教育学专业博士研究生选拔问题研究——基于中国15所院校博士研究生招生目录的分析[J]. 教育与教学研究，2014(11).

[4] 薛南. 中国高等教育学高被引博士学位论文规范性评估[J]. 北京社会科学，2019(3).

[5] 李明忠，褚照锋，邵攀，等. 我国高等教育学专业研究生导师群体特征研究

[J]. 高等教育研究, 2016(7).

[6] European Commission.Inventing our Future Together. The European Research Area: Green Paper Consultation, Preliminary Results. (2007b).

[7] 引自 A、B、C 大学高等教育学博士生培养方案.

[8] 参照 A、B、C 大学教育研究院高等教育学博士学位授予单位网站导师队伍信息.

[9] Altbach,P. G. The United States: Present Realities and Future Trends. In Jan Sadlak (Ed.),Studies on Higher Education: Doctoral Studies and Qualifications in Europe and the United States: Status and Prospects. 2004:259-275.

[10] National Science Foundation. National Center for Science and Engineering Statistics, Survey of Earned Doctorates. 2015.

[11] 简 · 奈特. 激流中的高等教育:国际化变革与发展[M]. 刘东风,陈巧云,译. 北京:北京大学出版社,2011:25-26.

# 咬定启发式　放飞想象力　追求创造性

王运来

**王运来**，南京大学教育研究院院长、教授、博士生导师。已培养博士生20位。

我已指导20位博士研究生获得了教育学博士和教育博士学位。他们活跃在高等教育的教学、科研、管理第一线，现在几乎都是各自单位的骨干，有的已晋升为教授、博导，有的已成长为高等学校领导，有的则是新近登上《中国高教研究》榜单的"活跃作者"。在博士研究生培养过程中，我受一位教育家和一篇文章的影响最大，大到了形成我的指导风格的地步，这位教育家，是怀特海；这篇文章，是《学记》。

## 一、一位学者和一篇文章对我的影响

艾尔弗雷德·诺思·怀特海(1861—1947)，英国数学家、逻辑学家、哲学家和教育家，先后在剑桥大学、伦敦大学、哈佛大学执教，大名鼎鼎的分析哲学创始人、诺贝尔文学奖得主罗素就曾是他的学生。怀特海学识渊博，建树颇多，虽然"教育家"只是世人赠予他的第四顶桂冠——他在数学、逻辑学、哲学上的成就举世公认，但是他依然被遴选为"伟大的教育家"，与柏拉图、夸美纽斯、洛克、赫尔巴特、杜威等十余位西方世界2000多年间最有影响的教育家一并被收入《伟大教育家的学说》这一经典著作当中。[1]《教育的目的》是怀特海教育思想的代表作，时间虽然已过去近百年(该书1929年出版)，但是它至今依然闪耀着光彩夺目的智慧光芒。下列这些思想对我影响极大，我经常与学生一起"徜徉"在怀特海的"学术故乡"。关于大学存在的理由，怀特海的见解令人耳目一新：他认为高等教育的根本功能不是通常意义上的人才培养和科学研究等，"大学之所以存在的主要原因，既不是向学生传授单纯的知识，也不是单纯地提供研究机会给科系的老师"，"大学的这两种功能可以以更经济的方式来实现，而不需要大学这样非常昂贵的教育机构"；"大学存在的理由是，它把年轻人和老年人联合在一起，对学术展开充满想象力的探索，从而在知识和生命热情之间架起桥梁。大学传授知识，但是它是以充满想象力的方式来传授。”显然,“以充满想象力的方式”来传授知识和“对学术展开充满想象力的探索”才是大学存在之本;“一所在这方面失败的大学,就没有存在下去的理由”。而教师的根本任务,也可以说是天职,就是培养学生的“想象力”。“想象力是一种传染病。它不能用码尺或是磅秤称量后,再由老师传授给学生。它只能由那些用想象力装点(原译如此,译作‘武装’更妥——笔者注)自己学问的教师来进行传播。”而“年轻人是充满想象力的,如果这种想象力通过训练来进行加强的话,这种想象力的能量能够在很大程度上保持终生”[2]。

怀特海把“想象力”放到了大学教育中至高无上的位置,因为他认为“大学的全部意义就在于,把年轻人置于一帮富有想象力的学者的智力影响之下”[2]。除了对于“全部意义”的用词尚不完全认同之外,我是十分认可怀特海极度推崇想象力的思想的。教师如何才能培养学生的“想象力”,怀特海也给出了精辟的论述:“发展的本能来自自身:发现是由我们自己完成的,训练是自我训练,收获是我们自身首创精神的成果。教师有双重作用,他以自己的人格和个性,使学生产生共鸣而激发出热情;同时创造出具有更广泛的知识、更坚定的目标的环境。”[2]换言之,就是要产生共鸣、激发热情、创造环境。至于如何才能做到这些,我认为我国古代教育名篇《学记》清晰地给出了中国方案:善喻,就是“道而弗牵,强而弗抑,开而弗达”。《学记》是早期儒家学派的教育理论概括和教育实践总结,是我国也是世界上最早、最全面的教育学文献。何谓“君子之教”?“喻也”。《学记》观点鲜明地指出,优秀的教师是善于通过引导来教育学生的。分而言之,即要“道而弗牵,强而弗抑,开而弗达”。就是老师要做到引导而不牵制,策勉而不抑制,启发而不灌输。“道而弗牵则和,强而弗抑则易,开而弗达则思”,它进一步阐发了个中道理,引导而不牵拉,就能够融洽相处;激励而不压制,学生就有自信、敢尝试;启发而不是灌输,就会引发学生思考。“和易以思,可谓善喻”,既能够与学生融洽相处,又能够让学生勇于尝试、积极思考,就是善于引导人了。

怀特海这位教育家的观点和《学记》中的“善喻”思想,深深地铭刻在我的脑海之中,也就自然而然地体现在指导学生的过程之中。咬定启发式,放飞想象力,是我指导博士生的基本理念。道而弗牵、强而弗抑、开而弗达——我称其为善喻“三维”——则构建了我指导博士生这一小微工程的主体框架。虽然三维贯穿于研究生培养的全过程,但是在不同的时段分别承担了各自的“承重墙”的作用:题目选择时段,道而弗牵;论文撰写时段,强而弗抑;论点凝练时段,开而弗达。

## 二、题目选择道而弗牵

学位论文选题是博士生中期考核以后的第一个关口，也是至关重要的关口，很多学生都会“卡”在这个关口很长时间。我在指导博士生选择题目时，始终秉持着“道而弗牵”——引导而非牵拉——的理念。在“弗牵”方面，学生很认同我“不设靶子”“不画圈子”“不定调子”的宽松做法，而任由他们去尝试，去摸索，甚至去碰壁，尽管这个过程可能会比较长、比较茫然、比较痛苦。在指导学生选题中之所以这么“放”，是因为我信奉着这么三句话。第一句是“我要为了学生去指导选题，不要学生为了我去选题”。导师培养学生是天职，学生参与课题是兼职。指导学生选题不能存有私心，不能不由分说地把学生“拴”在自己的课题上。第二句是“我会考虑自己的衣钵，更会考虑学生的‘金钵’”。我并不太介意学生是否在我的研究方向上找选题，而重在从他们的职业与未来发展作考量。况且，衣钵也并不能狭隘地理解为个人的研究方向。《学记》有句名言，“善教者使人继其志”，怎么样才算“继志”呢？“其言也，约而达，微而臧，罕譬而喻，可谓继志矣。”讲授时能够达到扼要而又透彻、精微而又妥善、举例不多却言简意赅的境界就是“继志”了。也就是继承自己的“衣钵”了。我相信绝大多数导师也都是这么做的。当代导师的学术胸襟没有“门户”那般狭隘。第三句是“让学生在做中学，在学中做，而不是先学后做”。说到底，选题要学生自己决定，导师只是一位建议者。因此，让学生听十遍不如让其做一遍，要让他们在战争中学习战争，正如陆游所言“纸上得来终觉浅，绝知此事要躬行”。当然，“弗牵”不是放任自流，信马由缰，而是以“道”——引导——为前提。我引导学生的办法就是“助产术”式的追问——“极问”——有博士生相互议论“王老师的追问像追杀，太可怕，好刺激”。苏格拉底说过，最有效的教育方法不是告诉人们答案，而是向他们提问。《学记》也描述了“善问者”和“善待问者”的基本特征：“善问者如攻坚木，先其易者，后其节目，及其久也，相说而解”；“善待问者如撞钟，扣之以小者则小鸣，扣之以大者则大鸣，待其从容，然后尽其声”。我的提问与回答，因人而异，我认为主要有“四异”，即“因人而异”“因情而异”“因事而异”“因物而异”，合起来就是因人（才学）、情（情形）、事（事件）、物（资料）的不同而不同。

首先是因人而异。博士生是最高级的学生团体，无疑也是智力最出众的一群人。但是，在这个群体中，智力、经历、能力、性格、习性、志趣等无疑又是有差别甚至是各不相同的,这自然需要因材施教。有位女博士生是地方高校的教育学教师,但是谨小慎微,对选题心无定见,自认为是仍站在“高等教育学的‘0’公里处”而整日愁眉不展。我对她说“虚心使人进步,你很虚心,已经具备了进步的前提”,她又是点头,又是摇头。我接着说“你听说过另外一句话没?心虚更会使人进步”。她愣了愣,笑了,看得出,显然领悟到了“0”公里的正能量。她后来选定了她十分熟悉的研究领域的选题——《新建本科高校青年教师教学发展研究——基于布尔迪厄社会实践理论的分析》。有一位已经驾车行驶在高等教育学的高速公路“100公里”处的学生——我和他都这样认为——自信心是没有问题的了,他想以“大学校长的主体性研究”为选题方向,当他在院学术报告会讲出这个思路以后,引起了老师们的强烈质疑,老师们的担心不是多余的,大学校长你了解多少?主体性能用到校长身上?如果可以,大学校长怎么就没主体性啦?如果有主体性,还需要去研究吗?如果去研究又该需要多么深厚的教育哲学理论根底?他很执着,还是想做。会后,我们进行了多次对话。我长期研究高等教育史,对这个选题是位“同情者”,我还向他打了个比方,如果大学是一驾马车,校长是位宝马良驹(对校长们有些大不敬,幸好《学记》中也有“车在马前”等之“譬”),那么,校长与大学究竟是谁左右着谁往前跑?应该是谁左右着谁往前跑?以及又是如何左右着对方往前跑?他极为兴奋,不仅仅是因为得到了我的认可,可能更因为觉得遇到了“伯乐”。他选定了这个题目,经过进一步提炼取得初步成果,获得教育部博士研究生“学术新人奖”,得到3万元的学术资助——该奖是在校博士生能够获得的最高学术荣誉。其学位论文《大学校长主体性发展论》在答辩以后不久就在人民出版社出版了。

其次是因情而异。情,是情形、情况。在我招收的高等教育学博士生和教育博士生中,有几位跨专业的硕士生,他们的教育学理论基础相对要薄弱些。这时候《学记》中关于“学者有四失”的精妙论述又让我对他们产生了“打开一扇窗”的坚定期待。《学记》云:“人之学也,或失则多,或失则寡,或失则易,或失则止。”认为有的学生贪多嚼不烂,有的狭隘寡闻,有的轻率冒进,有的畏难不前。“此四者心之莫同也”,老师必须“知其心”“救其失”,客观辩证地看待他们,要知道贪多的人知识面宽,寡闻的人专研精深(我们现在也有将“博士”称为“深士”的调侃,指的就是此类人),草率的人乐于创新,胆小的人基础牢靠。然后长善救失,扬长避短。这段话在我看来,那就是阴影的背面必定是阳光。

也就是当上天为你“关上一扇门”的同时,也一定会为你“打开一扇窗”。我习惯于从博士生成长背景中捕捉其学术发展的优势,并希望能为他们长期的学术发展提供原动力。所以,在我看来,入学时教育学基础不及别人的学生,必然在其他领域有过人之处。比如,有的学生在大学教英语,有的学生在大学做辅导员,有的学生在教务部门做管理,我就让他们讲出论文选题的“十个劣势”“十个优势”“十个威胁”“十个机会”,讲不出来、讲不够,就继续想,今天讲不全回去继续想。讲全了这一套 SWOT(strength 优势, weakness 劣势,opportunities 机会,threaten 威胁)并形成至今“得意”的写作框架之后,就开始了我们的对话。我告诉学生,选题的过程就是你们说服我的过程。我就是少林寺的“木人巷”,你们只有打败我,才能“下山”——敲定题目。一位毕业多年的博士生至今还记得当年的情景:“对于讨论中的一个个追问,说得上是一句句‘无情的追问’,将我们逼到理论逻辑死角,我们曾经以为这些论证多么的完美,多么的有力,原来却是这样的不堪一击。每当这时,我都在想,当年的苏格拉底是不是也这样与他的学生对话,最后都是学生自己推倒了自己最初的论证过程,然后再重新向有效的论证框架推进?”

再次是因事而异。事,是事件、事情。选题有时会因某件事情而确定。确立选题的过程,是一个慢慢寻找的过程,有时真的有种“众里寻他千百度。蓦然回首,那人却在,灯火阑珊处”的机缘巧合。其实,天上不会掉馅饼,这种巧合完全是基于一种由量变到质变的累积过程。2008 年 10 月,当年的诺贝尔奖陆续揭晓,是时某位第一外语是日语的博士生的论文选题还在多个选项中进行比较。我拿着当天的一份报纸和他聊新闻,“你对日本文化和语言的兴趣是你的优势,能不能考察一下,日本大学为何能够培养出诸多以诺奖获得者为代表的杰出创新人才来,考察一下日本大学是如何回答‘钱学森之问’的”。这位学生很敏感,立即就下了研究这一问题的决心。我接着又给他布置了一个任务:“你研究下可否用‘井喷’这个词? 我觉得日本获得诺贝尔奖已经到了‘井喷’的阶段啦。”在广泛地收集原始资料和初步研究之后,他极度兴奋地告诉我一下子找到了选题的“支点”:“王老师,可以,完全可以称得上是井喷!”他的博士论文选题《日本大学创新能力的历史建构研究:以“诺贝尔奖井喷现象”为切入点》就此确定。这位博士生于 2019 年登上了《中国高教研究》的“活跃作者”榜单。有位教育博士研究生曾经考虑过几个选题,我并没直接否定,而是采用“苏格拉底法”,不断启发她寻求最佳答案。后来院里组织他们去台湾进行教育考察,宝岛非师范院校的教师教育给她留下了深刻印象。当她表示想以《台湾非师范院校参与师资培育研究》作为选题时,我立即同意。她自己都感觉到我是在按照“不愤不启，不悱不发”的路数在推进。顺便交代一个场景，我给他们讲课时会问他们什么叫“愤”，连问三遍，听第一遍时学生会嘻嘻哈哈，听第二遍时会疑疑惑惑，听第三遍时就会左顾右盼，这时我就告诉他们，你们现在的心境就是“愤”，在开始思考啦；然后我会继续问他们什么叫“悱”？大家“愤”在那里认真地听什么是“悱”，“悱就是那个啥”我认真地连讲几遍，假装都没有想到合适的词汇，脸却憋得通红，就在差不多赢得了所有人的同情时，我突然笑啦，“我刚才就是悱，通绯红的绯，不到脸憋得通红的地步，不告诉答案。”后来我常听他们动情地对我说：“王老师，《学记》说善歌者使人继其声，善教者使人继其志，我现在不光继志，也继声了。”其实，我这么做也是受了一个故事的影响。故事是听龚放教授讲的，说是南京大学物理学科龚昌德教授当年讲到热力学的“熵”这一课时，竟然不顾教授身份，十分投入地、台上台下地、满教室地乱撞，弄得满头大汗，最后告诉大家，“运动加快就是熵增加”，当时同学们是含着泪花看完“表演”的，一部分泪水是笑出来的，一部分泪水则是感动出来的。后来从那个教室里走出来好几位院士。这，也正是怀特海所推崇的火炬（知识）和点燃了的火炬（想象力）。

最后是因物而异。物，此处是指资料。论文“值不值得”写，与“能不能写”是两回事，前者只有再加上“有资料”才等于后者。同样的题目，现在不能做，以后发现了新资料可能就能做。一直认为能做的，突然发现缺少了关键资料，就不能做。这还仅仅就资料而论。所以，选题是个肯定一否定一再肯定一再否定一最终肯定的过程。有位学生拟研究哈佛燕京学社，但要研究的内容很多，经费、社长、教师、学生、课程、图书馆藏书、师生交换、学术活动，牵涉的学校和机构又很多，燕京大学、齐鲁大学、华西协和、岭南大学、哈佛大学，还有几个地方的博物馆，还有同期的其他合作机构，资料很难收集完整。我告诉她，《淮南子集释》中有句话，叫作“逐鹿者不顾兔”。她即刻领悟了：“王老师，我知道啦，逐鹿！”但是，鹿在何方呢？在经过了反反复复的追逐，经历了对海量资料筛选之后，她找到了“逐鹿”目标——《哈佛燕京学社的校际交流研究》。有位学生要研究民国大学教授的休假制度，我说“选题很有意义，但是按照你目前掌握的资料，恐怕写不出来。想让我同意，你必须拿资料来说服我”。她很执着，经过了长时间的包括许多第一手史料的资料大收集，终于让我看到了“能写”的前景，我欣然同意。后来她的《民国时期国立大学学术休假制度研究》获得了中国高等教育学会优秀博士论文奖，并由商务印书馆出版。有位学生在选择民国时期大学教务会发展或是选择应用型本科教育作为研究主题时，犹豫不决，陷入迷茫、恐慌之中，要我帮他做出选择。我告诉他两个主题都可以选——他喜出望外——但是哪一个研究主题更适合你以及为什么适合你，需要你自己去寻找依据。

## 三、论文撰写强而弗抑

撰写一篇博士学位论文，通常需要一两年的时间，对于在职博士生来说更有种“此恨绵绵无绝期”的痛苦与绝望。当初踌躇满志的“新科进士”，在感受过“博士生”的滋味之后突然发现“不过如此”，如果再发现学位对自己的“进步”起不到直接“作用”的话，于是不少学生便在论文撰写“卡壳”时萌生了退意。我知道以后，便把我指导的所有博士生召集到一起，给他们开了一个“强而弗抑”的“劝勉会”，鼓励他们“拒绝放弃”，给出的药方就是“必须学会放弃”：

最近有位博士生找到我，说无法坚持读下去了，因为工作实在是太忙啦。这话引发了我的深思。同学们，你们会遇到各种困难，或是经济上的，或是家庭方面的，或是时间方面的，或是知识储备、学习能力方面的，抑或是多方面的，但是，你们都需要共同的一样东西——目标，今后几年的读博目标。你们必须要为自己制定一个读博目标，往低处讲，就是要如期毕业并获得学位的“小目标”；往高处说，就是要在德、才、学、识四方面获得长足的全面的进步，撰写出创造性的高水平的优秀学位论文，进而实现自己的读博“大目标”。

我想告诉大家，德才兼备才是真人才，根据我的观察，如果成功可以用小、中、大、终来表达的话，那么，就可以说小成在勤，中成在智，大成在德，终成于道。一旦定下自己的目标，就必须坚持下去，就要拒绝放弃——这也是我要与各位博士生真诚分享的。

拒绝放弃，最主要的就是要拒绝放弃政治信仰，拒绝放弃为中华崛起而读书的内生动力，拒绝放弃为完善自身而努力学习。你、我、他，在工作、生活中，都会遇到各种各样的困难与问题，如果遇到困难就轻言放弃，那定会一事无成。越是困难，越需要我们迎难而上，因为那恰好证明我们在走上坡路；逃避困难，放弃奋斗，是最容易做到的，因为你正在走下坡路，而这种“轻松自在”很可能把你带进可怕的深渊。这种深渊，可能是政治上的，可能是学业上的，可能是工作上的，也可能是生活上的。

在中国，“修齐治平”历来都是一项系统工程，是我们一生的最高追求。所以，你要拒绝放弃,要选择为自己的格物、致知、诚意、正心等教育天职担起责任,你不对自己负责,还能奢求什么人对你负责！所以,你们要克服一切困难,去实现自己业已确定下来的奋斗目标！

诚然,你会有各种无可回避的现实困难,这里我也想给大家两个忠告:第一个忠告是,拒绝放弃的秘诀就是学会放弃:拒绝放弃理想和信仰,学会放弃平庸和琐碎。《孙子兵法》所言"求其上,得其中;求其中,得其下;求其下,必败"以及《淮南子集释》中的"逐鹿者不顾兔",正是这一思想的精辟概括。第二个忠告是,拒绝放弃的关键就是相信自己。有位名人讲过这么一段话:"你要记住,哪怕你表现不好,哪怕你失去信心,哪怕你觉得身边的人都已经放弃了你,(也)永远不要自己放弃自己。"讲这段话的人是奥巴马。

同学们,开步走,自然产生力量。只要你拒绝放弃不该放弃的,而又学会了放弃应该而且可以放弃的;只要你相信自己,自己不放弃自己,你,就一定能够实现自己一个又一个的人生大目标。同学们,真诚地希望你们拒绝放弃,拥抱成功！

有位博士生是一所大学的领导,还兼任部门负责人,学校事、部门事、家事、朋友事、学位事犹如"五行山",压得他喘不过气来,8 年即将期满,他曾无数次地想放弃学业。我也劝他说,既然你"无数次"地想过放弃,那正说明你十分热爱这个专业和在意这个学位。"劝勉会"后他找到我说:"老师,您的'拒绝放弃理想和信仰,学会放弃平庸和琐碎'和'开步走,自然产生力量'两句话如同一阵强风,一下子就吹走了压在我的'五行山'上的法帖!"他重新拾起信心,下定决心,咬紧牙关坚持半年后终于品尝到了成功的果实。我也听到好几位因工作繁忙导致论文拖延的学生在相互"交流"时说:"导师好像会算卦一样,总是能在我萌生退意的时候及时地耐心鼓励,温暖而有力!"

## 四、论点凝练开而弗达

两千年前先贤的开而弗达——启发学生而不代替学生作出结论——的思想不能不令人肃然起敬,赞叹不已。后世很多教育家也表达过相同的观点。德国教育家第斯多惠认为"坏教师给人奉送真理,好教师教人发现真理"。南京大学的戴安邦则把这句话改为"孬教师给人奉送真理,好教师教人发现真理"。一字之改,更显精妙。它们都表达了同样一层意思,启发学生的思维,但不能把答案和盘托出。况且许多问题可能没有答案,而有些问题可能又有无数个答案。我在指导博士生时,尤其是他们在观点凝练时段,就遵循着开而弗达的思想,让学生自己去探索,去发现,去收获。我认为,发散性思维是创造力的核心要素,发散性思维的强弱主要取决于想象力的大小,而培养想象力最有效的办法便是启发式教学。所以,我指导博士生的主要做法就是15个字:咬定启发式,放飞想象力,追求创造性。

在咬定启发式方面,我经常通过这样几个问题来启发他们的思想。“知识就是力量”是否就是不刊之论?我说,知识可以转化成力量,但是不等于力量,这样的表述不妥。如果同学不太认同我的说法,或者说不敢质疑金科玉律的“知识就是力量”,我会接着举一个例子,力争达到“罕譬而喻”的效果。音符可以组合成或转化为音乐,但是我们能够说“音符就是音乐”吗?显然不能。再譬如应该如何“实事求是”?是不是就是通常从字面上理解的“从实际对象出发,探求事物的内部联系及其发展的规律性,认识事物的本质?”或者说就是通过事实寻找规律?其实,这样认识还是不到位的。20世纪30年代我国“分析的批判的教育史观”认为,教育史不但是实事求是之学,并且是“实事之中求其所以是”之学。同理,实事求是的精髓就是,不仅求其“是”,而且要求其“所以是”,追寻其为何具备“是”——规律——的内在原因。“以学生为本”(或“以学生为中心”)现在是句流行语,这个提法科学吗?我认为值得商榷,如果学校以学生为本,那么医院就要“以患者为本”,这显然不妥。医院应该是“以患者的康复为本”。同理,学校应该是“以学生的发展为本”。我通过类似例子来积极鼓励学生要敢于质疑。

在放飞想象力方面,我告诉学生:“所有的最早的想象力均来源于现实的实践当中。”即唯实是想象力之源。在唯实方面,还是陈云的九字箴言一语中的:“不唯上,不唯书,只唯实。”真理需要实践来检验。当我们用公务车去接待贵宾时,是否可以说“应让贵宾坐在驾驶员的右后方”呢?其实,当你去过英国以及英联邦之后,你就会发现这个表述是错误的,因为他们的驾驶员是坐在车子的右前方的,而“驾驶员的右后方”就在车子外面了。再进一步思考,看到的是不是就是真实的呢?不是。众所周知,哈佛大学有座著名的被称为“美丽谎言”的哈佛塑像,基座上刻着3行字,告诉游人这是“1638年创建了这所大学的哈佛先生”的塑像,其实我们知道,这3行字全是错的——哈佛大学是1636年建立的,哈佛先生只是捐赠过一笔钱,这座塑像也不是哈佛本人的塑像。哈佛就是要告诉世人,即便是身处以追求真理为校训的哈佛大学,“眼见也未必是真”。与“分析的批判的教育史观”同时期的“实证主义的教育史观”就笃信一切因果关系均为“假定存在”,要通过科学的方法，让事实和史料说话，“绝对地无条件地”尊重事实。一句话，做学问要只唯实。当然，“唯实”既是学者追求的目的，又是学术再出发的基石，那就是“要给事实插上想象的翅膀”。

在追求创造性方面，一定要破除“顶峰论”和“天花板思想”，绝对不能认为一些成名大家的观点就是至理名言，许多约定俗成的规则就不能突破，众口一词的说法就不能越雷池半步，达到了天花板高度的认识再也无法超越。我经常告诉博士生，捅破这层楼的天花板，你就能够上一个层次。譬如，人们常说“授人以鱼，不如授人以渔”，说的是传授给人既有知识，不如传授给人学习知识的方法。道理其实很简单，鱼是目的，捕鱼是手段，一条鱼能解一时之饥，却不能解长久之饥，如果想永远有鱼吃，那就要学会捕鱼的方法。这是一句古语，我们都认为这是不刊之论。其实，如果鱼被捕完了怎么办？鱼遭天灾疫情又该怎么办？所以，我在研究技术支农时就提出了“既要授人以鱼，也要授人以渔，更要授人以养鱼之法”的观点；[3]也有人从创造知识的角度提出了“授人以鱼，不如授人以渔，更应要授人以欲”的观点。这些观点科学与否姑且不论，这种敢于、乐于往前再走一步的想法与做法，无疑是值得肯定和鼓励的。另外，高等教育三大职能已成共识，我通过历史研究，于2011年3月提出了高校客观上曾具备过、今后也应该具备“引领社会发展”的职能，并明确指出这是高等教育的“第四职能”，这比国家提出文化传承创新早了一个月。[4]我还经常在“来一份”组会上让博士生们介绍自己近期的研究与发现，清晰地向学生传递出我十分期待他们取得创新成果的信息。

我很看重博士生们在论文后记写的一些“真情流露”，这倒不是因为里面有许多对我的溢美之词——中国式博士论文后记不足为信——而是因为他们已在自觉不自觉地把“想象力”“启发式”的工具运用到了实际的研究、工作和生活当中去了。比如有人说“论文写作过程中遇到问题卡住时，导师总是不愤不启，一两句话如醍醐灌顶”，有人“以彼之道，还施彼身”，把我对博士生的指导总结为“四个平衡”，有人按照我常说的话提升为自己的文章题目《研究问题要“逐鹿不顾兔”，论证过程要经得起步步追问》，等等。对于这种薪火相传我深为欣慰和感奋。最后，我想以一位博士生在其博士论文后记中总结心目中的“理想导师”的几句话作结，因为我既把它看成是“咬定启发式，放飞想象力，追求创造性”的一份“作业”，又把它当作是自己不懈的追求和有力的鞭策：

导师善待学生是一种胸怀，

导师关心学生是一种品质，
导师理解学生是一种涵养，
导师帮助学生是一种快乐，
导师学习学生是一种智慧。

## 参考文献

[1] [英]罗伯特·R.拉斯克,詹姆斯·斯科特兰.伟大教育家的学说[M].朱镜人,单中惠,译.济南:山东教育出版社,2012:3.

[2] 怀特海.教育的目的[M].庄莲平,王立中,译注.上海:文汇出版社,2012:125-134,134,54.

[3] 王运来.民国著名大学校长办学之道撷要[J].现代大学教育,2015(3).

[4] 王运来.学术与事功平衡——郭秉文高等教育思想蠡测[J].南京师大学报(社会科学版),2011(2).

# 第五编

# 借鉴成功案例

# 成功访谈哈佛前校长博克

龚　放

**龚放**，南京大学教育研究院高等教育研究所所长、教授、博士生导师。已培养博士生12位。

在给博士研究生讲授“高等教育哲学：发展脉络与名家贡献”课程时，我将“既有丰富办学实践又能对高等教育问题做整体性哲学思考”的著名大学校长，放在推动高等教育理论发展的三大主力之列。2011年，我在《北京大学教育评论》发文阐述这一观点：“与高等教育研究需要多学科的参与相一致，高等教育研究需要成为开放的领域，特别要期待既洞察办学实际问题，又能够对这些问题作整体性的哲学思考和战略选择的院校长的加盟。”回顾世界高等教育发展史，人们不难发现，最重要的最有价值的高等教育研究成果，往往是由卓越的大学校长贡献的。例如，被高教研究学人誉为“经典”和“里程碑式的著作”，作者为卓越大学校长中的“三分天下有其二”，即约翰·亨利·纽曼的《大学的理想》和克拉克·克尔的《大学的功用》。而英国剑桥大学学术副校长埃里克·阿什比40年前汇集出版的《科技发达时代的大学教育》，至今仍因其精辟、独到的见解为人所称道。约翰·S.布鲁贝克在其《高等教育哲学》一书的“文献述评”中，就对那些为高等教育哲学提供真知灼见的著名大学校长赞赏有加：“正如人们所预料的那样，学院和大学的校长常常涉足哲学问题。除了已提及的赫钦斯、吉德昂斯、尼尔森和克尔以外，还有许多校长也是高等教育哲学名著杰出的作者”。当时，德里克·博克出任哈佛大学校长刚过了“七年之痒”期，但他的治校方略和深刻见解却已经得到布鲁贝克的“青睐”，甚至将他与耶鲁大学的安吉尔，哈佛大学的洛韦尔、普西等“名宿”并举，跻身于“对高等教育哲学颇有贡献的著名校长”之列。

曲同学既是我在南大教研院的同事，又在2009年成为我的学生，在职攻读博士学位，他有一天约我相谈，兴致勃勃而又略显紧张地问我：“我打算研究哈佛大学前校长德里克·博克的教育理念和治校方略，是否可以？”这一想法得到了我的认可。

德里克·博克无疑是出类拔萃的，他不仅从 1971 年至 1990 年执掌哈佛大学 20 年之久，而且在 2006 年当萨姆斯校长因为对女性学者和科学家出言不逊等问题而不得不辞职之后，“梅开二度”再掌校政，帮助哈佛大学平稳过渡，摆脱危机。更难得的是，德里克·博克先后出版了《走出象牙塔——现代大学的社会责任》《大学的未来》《大学何价：高等教育商业化》和《回归大学之道：对美国大学本科教育的反思与展望》《市场中的大学：高等教育的商品化》等多部有影响力的高等教育著作。因此，对这样一位在现代大学治理实务与高等教育理论研究领域都有重要建树的卓越校长进行研究，不仅具有现实意义，而且蕴含重要的理论价值。我和曲同学很快达成共识，将对德里克·博克的办学理念与办学实践的研究作为他的博士学位论文选题。

曲同学花了两年多时间，广泛收集有关德里克·博克和哈佛大学的国内外文献资料，伏案阅读，潜心研究，做了充分的前期准备，因而顺利通过了选题论证。在讨论研究方法与实施路径时，我提出：研究德里克·博克这样仍然健在并且在大学治理和研究两方面依然充满活力的著名大学校长，文本解读和资料分析固然不可缺少，深度访谈尤其重要。如果能对他本人进行访谈，获得难能可贵的第一手资料，则研究就会更有价值，更具特色。我建议曲同学申请到哈佛大学短期访学的机会，以访谈博克校长本人及其主要同事。这一建议立刻得到曲同学和与会老师、同学的一致认可。

如何与博克这样一位资深且世界闻名的哈佛前“掌门人”联系并取得他的认可，对我和曲同学是第一个考验。恰好，我的一位硕士研究生崔凤鸣 2003 年赴美留学，在波士顿学院攻读教育学博士，毕业后即在哈佛大学法学院从事残疾人教育方面的研究。我立刻与她邮件往来，请她伸出援手。她设法与博克的秘书希金斯女士取得联系，向博克老校长转达曲同学短期访学并对他进行访谈的意向。

2011 年 1 月下旬，曲同学收到博克校长的“伊妹儿”，述及“自己已经退休了，而且一年当中只有很短一段时间住在哈佛”，等等，尽管只是委婉地让曲同学自己考虑“是否一定要到哈佛做访谈”，但其中真意，也已不言自明。曲同学告诉我这个消息时颇为踯躅，问我：“是否就采用文本分析法而不一定做深度访谈？”因为善解人意的曲同学从博克的回复中品味出“弦外之音”，他不想违拗八秩老人的意愿。我当时竭力给曲同学鼓劲：“博克校长并未明确回绝呀？应该还有转圜的余地。不妨再去一信，言辞恳切地表示一切都由老校长定夺，包括短期访学和访谈的时间长短和起止日期。”我还建议:这一次我们可以附一个访谈提纲,让博克老校长一看就知道你的功课已经做得相当充分,让你的诚意和决心感动博克!

我们花了整整一周时间草拟访谈提纲。先是由曲同学和我拟就 10 个访谈提纲,再通过组会研讨,修改完善。最后我们将访谈提纲归纳成如下 7 个问题:

1. 您先后担任哈佛大学校长约 21 年(1971—1991,2006—2007),在您担任哈佛大学校长期间,有哪些事情使您感到特别欣慰?应对哪些挑战倍觉艰难而又富有意义?

2. 校长在大学里扮演哪些角色?其中最主要的角色是哪一个?根据您的经验,如何扮演好这些角色?尤其是如何扮演好这个最主要的角色?在您的哈佛大学校长任期内,哪些角色您感到做得很满意?哪些角色您觉得做得尚不如意?哪些角色在您的第几个任期能做得得心应手?哪些角色在您的不同任期能达到不同境界?

您如何从一位出色的劳工法学的专家转变为一位著名的教育家,并撰写出多本有重要影响的高等教育著作?美国的大学校长中,任期长的可以达到 20 ~ 40 年。中国的大学校长如何从本学科的专家转变成为教育家?您的经验以及其他美国大学校长的经验对中国的大学校长有什么启示?

3. 您两度出任哈佛大学的校长,请问:与 20 世纪 70 年代至 90 年代初期相比,2006 年至 2007 年您再度出任哈佛大学校长期间,美国的大学所面对的社会环境有何变化?它们所承担的社会责任有何变化?大学校长的角色和作用有何变化?

4. 从 1982 年出版的专著《走出象牙塔——现代大学的社会责任》到 1986 年出版的专著《美国高等教育》,再到 2003 年出版的专著《大学何价:高等教育商业化》以及 2006 年出版的专著《回归大学之道:对美国大学本科教育的反思与展望》,可以看出,您在高等教育领域的关注点有所拓展,思考的重点也有所变化,能否请您谈一下您的思维轨迹演化发展的原因?

5. 2006—2007 年您任代理校长期间通过的新的通识教育课程方案与 30 多年前您任校长期间与罗索夫斯基等人一起建立的创新性的“核心课程”方案最大的不同在哪里?为什么必须用新的通识教育课程方案来取代“核心课程”方案?

6. 在《回归大学之道:对美国大学本科教育的反思与展望》一书中,您对大学本科教育总结了八大目标。以哈佛大学为例,您认为哪些目标实现得比较好?哪些目标与您的理想追求相差比较大?原因何在?2006—2007 年您任代理校长一年中改善本科教育的实践是否验证了您在《回归大学之道:对美国大学本科教育的反思与展望》一书中所阐述的有关本科教育的理论?经过一年的实践后,您的本科教育理论有没有新的发展?

7. 您为什么如此重视教师的教学方法?1975 年您创建了"丹福斯教学与学习中心"(也就是"德里克·博克教学与学习中心"的前身),请问:您创建它的主旨是什么?30 多年来,"德里克·博克教学与学习中心"最成功的经验是什么?

在给博克校长的第二封"伊妹儿"中,曲同学注意用语尽可能委婉、恳切而又尽可能准确达意:"尊敬的博克教授,对哈佛大学的短期学术访问,特别是对您的访谈,对于我高质量地完成我的博士学位论文十分关键。我的导师龚放教授特别强调这一点,要我当面向您请教并查阅更多的第一手资料,他希望我的学位论文能够真实地反映您作为哈佛大学校长和著名的高等教育家的变革实践与理论贡献,以有益于中国一流大学的建设和高等教育的现代化进程。因此,我筹集了充足的经费来支付国际旅费和在美国的住宿、伙食费用,我也可以自己联系在波士顿的住宿。""我原本计划在今年 5—6 月份或暑假期间访问哈佛……因为知道您大部分时间不在哈佛,因此,我可以调整访问美国的时间,趁您在坎布里奇时再访问哈佛。或者,如果您觉得可以而又方便的话,我也愿意在您方便的时间去您所居住的城市访谈您。总之,我此次访问美国的时间和地点完全可以由您来决定。"

也许是"精诚所至,金石为开",也许是"有益于中国一流大学的建设和高等教育的现代化进程"让博克怦然心动,博克校长在接到曲同学邮件的同一天(因为有 12 小时时差)就立刻回复,欣然接受他于当年 5 月至 6 月访问哈佛,且许诺愿意接受 3 次访谈。随后,博克于 2 月 17 日签发了正式邀请信。喜出望外之余,我们着手联系短期访学事宜。因为曲同学是南大教研院的副教授,在职攻读博士学位,我希望为他争取到公派出国访学的机会和资助。但申请和批复需假以时日,访谈博克的"最佳窗口期"又不容错过。此时,曲同学的父亲明确表示:"不要申请公派计划了,我可以出资支持这次访学之行"。诸多问题迎刃而解,哈佛访学终于在 2011 年 4 月底成行。

令我感到诧异而又欣慰的是,向来"讷于言"的曲同学,在哈佛大学的两个多月的访学却收获多多,成果丰硕,完全超出预想。曲同学的精心准备和巧妙提问,引起德里克·博克的共鸣和好感,他侃侃而谈,妙语迭出,3 次访谈之后又主动增加了一次。博克还将自己珍藏的、汇集了他 20 年的校长年度报告书的精装合订本借给曲同学复印，并提供了他当时尚未出版的新著的部分书稿。这些弥足珍贵的历史文献和第一手资料，为曲同学的研究准备了翔实、丰富的素材。更重要的是，通过与德里克·博克面对面的访谈，感受其精神风貌和大家风范，感悟其人格魅力和个性气质，有助于更加准确地把握其高等教育理念中最核心、最具个性的东西。

两个月的短期访学紧凑而高效，曲同学不仅 4 次访谈德里克·博克本人，而且在博克及其秘书希金斯女士的帮助下，先后成功访谈了 8 位博克当政期间的专业学院院长或同事，目的是能够更加全面、客观地了解、把握和评价博克的办学理念和实践，以及他对哈佛大学的贡献。这 8 位都是哈佛大学的重量级学者和大牌教授，他们中有：1973—1984 年间任文理学院院长并主持哈佛通识教育改革的荣誉退休教授亨利·罗索夫斯基，1995—2003 年间任哈佛学院院长的哈瑞·刘易斯教授（他撰写的《失去灵魂的卓越》在中国高教研究界影响深远），1982—1992 年间任教育学院院长的帕特·格雷厄姆教授，1969—1995 年间任“哈佛大学欧洲研究中心”首任主任的政府学系教授斯坦利·霍夫曼，1980—1995 年间任商学院院长的荣誉退休教授约翰·麦克阿瑟，担任哈佛大学“埃德蒙·萨弗拉基金会伦理学中心”主任的丹尼斯·汤普森教授，1977—1989 年间任肯尼迪政府学院院长的格兰海姆·艾利森教授（他首次提出“修昔底德陷阱”理论），2005—2007 年间任文理研究生院院长的赛德·斯考奇波教授等。对这些哈佛“牛人”和“大咖”的成功访谈，不仅大大地拓宽了曲同学的视野，并且获得了生动、鲜活、翔实的第一手资料，为准确、客观地评价博克治校理政的成败得失，进而深入探析其特有的高等教育思想奠定了基础。

在撰写博士学位论文过程中，曲同学与我合作，将他对博克校长的访谈整理成数万字的文稿《哈佛大学与当代高等教育——德里克·博克访谈录》。《高等教育研究》编辑部张应强、曾伟先生等慧眼识珠，破例在 2011 年第 10 期留出 20 个页码，及时刊载这承载了大量宝贵信息的访谈录。2014 年第 9 期又刊载了曲同学的《研究型大学“教育家校长”的“专业素养”——对哈佛大学前校长德里克·博克的个案分析》一文。曲同学的学位论文不仅在答辩时获得专家们一致好评，而且定名为《哈佛大学杰出校长——德里克·博克高等教育思想与实践研究》，在 2016 年由教育科学出版社正式出版。

回想起来，我在指导曲同学学位论文时，着重做并且努力做对了两件事。第一是把对博克这样一位卓越的大学校长暨高等教育家的研究，置于中国建设高等教育强国的大背景下，凸显这一研究对于我们创建世界一流大学，对于加快现代大学治理建设进程，对于激励更多的大学校长“以治校为志业”，实现由学者专家向教育家型大学校长转化的科学价值和本土意义。第二，在研究方法上，坚持和强调深度访谈的重要性和必要性，通过提供高质量的访谈提纲获得博克本人赞同，并为曲同学顺利访学、成功访谈创造条件。当然，“师傅领进门。修行在自身。”能够在两个月短期访学中出色完成如此高端、高质量的访谈，真正满载而归，是曲同学全力以赴、兢兢业业的结果。这也为他圆满地完成学业，为他高质量地完成学位论文奠定了坚实的基础！

我坚信，曲同学的博克研究成果，博克的睿智和决断，以及他对中国现代大学治理，对中国同行的理解与建设性评价，将在未来的岁月中逐步显现其重要的学术价值和借鉴意义。因为它真的是“有益于中国一流大学的建设和高等教育的现代化进程”的“他山之石”。

## 参考文献

[1] 龚放.追问研究本意，纾解“学科情结”——“高等教育研究：学科还是领域”之我见[J]，北京大学教育评论，2011(4)

[2] 约翰·S.布鲁贝克.高等教育哲学[M].王承绪，等，译.杭州：浙江教育出版社，2001：150.

# 在大学课程哲学领域挑战旧秩序、探索新路径

龚 放

课程和教学研究历来是我国基础教育研究的重点和亮点，20世纪90年代中后期，随着“建构主义”和“后现代研究范式”等理论的引入，随着新一轮基础教育课程改革的实施而成为最热门、最活跃、最富多样性的研究领域。但是大学教学与课程的研究却迟迟未能在我国高等教育领域形成气候。这一冷一热，原因有三：其一，在基础教育领域，“课程”这个术语意味着教育内容和形式、体系的规划或模型，它十分强调“系统性”和“基准性”。而高等教育恰恰相反，倡导个性化教学和个别性指导而排斥“系统化”或“基准化”。其二，经典的大学强调“教学与研究结合”，强调学生通过独立探索以及与教授的研讨来掌握新知，提高素养。注重探求新知、追求真理的意识和能力，而不讲究教学的艺术与技巧，成为大学人才培养的重要特点。其三，大学教师的发展与晋升很大程度上取决于他的研究水平和研究成果，而不像中小学教师那样主要取决于教学的优秀与效能。这三个因素至今依然不同程度地左右着高等院校教授、学者的思维与行动，因此造成了大学课程与教学研究的滞后与薄弱。

大学课程与教学研究对象的特殊性，增加了大学课程与教学研究的难度。诚如约翰·S.布鲁贝克所说：“第三阶段教育和高等教育有着低层次学校中碰不到的特殊问题；高等教育研究高深学问。”“教育阶梯的顶层所关注的是深奥的学问。这些学问或者还处于已知和未知的交界处，或者是虽然已知，但由于它们过于深奥神秘，常人的智慧难以把握。”[1]确实，中小学的课程及其所涉及的知识相对简单、普适，容易掌握。而高等教育所传递所探讨的知识，却有极强的专业性。例如凝聚态物理、基因工程、非线性理论等，没有相应的知识背景，一般的教育研究人员很难入门，更别说“窥其堂奥”了。这也是中小学课程与教学论研究持续红火而大学课程与教学论研究长期“门可罗雀”的原因之一。我国高等教育学作为教育学门类的二级学科在1983年列入研究生招生目录，但高等教育学的研究生及其导师，关注并热衷的问题集中在大学理念、体制改革、战略规划、政策评价等。而另一个教

育学二级学科“课程与教学论”,则不成文地将自己研究的边界划定为从学前到高中。大学的课程与教学,几乎成为“两不管”地带,成为高教研究和课程与教学论研究的“盲区”“半盲区”。

2010 年我在《高等教育研究》第 11 期发文指出:“这种状况必须改变!”因为高等教育已经从精英教育阶段步入大众化教育阶段,高等教育的对象已经发生了根本的变化,不再仅仅限于极少数智能卓越、才识出众者了。高等院校的层次和类型也具有丰富的多样性,其培养目标也差异甚大、层次丰富,不再仅仅造就高素质的学术研究人才。随着高等教育大众化的发展,更多的院校越来越注重为学术生涯之外的其他职业作准备。这就推动高等教育的教学理念和课程哲学发生了质的变化。原来的“去系统性”和“去基准化”不再能够统摄整个高等教育系统。因此,我一方面呼吁高等教育研究界加强对大学课程与教学论的研究,在继续抓好宏观和“形而上”层面研究的同时,关注大学课程、课堂、教师、学生层面的研究,将其作为高等教育学学科的一个新的生长点[2]。另一方面,也在我所指导的博士研究生中物色对象,希望能够在大学课程与教学研究领域率先行动,有所突破。

2008 年考入南大读博的王同学很快进入我的视野。韩非子曾云:“宰相必起于州部,猛将必发于卒伍。”王同学原来是颇有影响的江苏省小学优秀教师和校长,在华东师大崔允漷教授指导下获得课程与教学论专业的硕士学位之后,出任江苏省基础教育研究所常务副所长,无论是自己的课题研究,还是管理和引领全省基础教育研究,都做得有声有色,风生水起。2008 年居然“跨界”报考南大高等教育学专业的博士研究生。在复试时我问了他一个问题:“你曾经是小学教育的名教师、名校长,后来一直在基础教育领域从事课程与教学论研究,已经颇有建树,现在为何要踏入对你来说几乎全新的领域读博?”王同学的回答简洁而沉稳:“我想挑战一下自我。”

这一回答给我留下极为深刻的印象。从基础教育研究到高等教育研究,“跨界”读博的难度可想而知,王同学确实践行了他的“初心”,他不但挑战了自我,而且勇敢地挑战了大学课程哲学的既有理论依据。

近年来,陆续有一些以大学课程为研究选题的博士学位论文发表或学术专著出版,但这些论著大多围绕通识课程、本科课程政策或管理、课程现代化等专题展开。王同学的博士学位论文《在“高深学问”与“个人知识”之间——当代大学课程的秩序转型》则别开生面,对大学课程哲学原理进行大胆探索。着眼于高等教育大众化、生存方式数字化、社会组织学习化的时代背景,围绕大学课程研究中的知识问题,引入"个人知识"概念,把大学课程概念化为"秩序",试图由此分析当代研究型大学的课程哲学原理,结合大学课程实践提出自己的鲜明观点和理论体系。

知识问题是大学课程研究的本体问题,也是王同学探讨大学课程哲学的重要维度。在将近千年的发展历程中,大学的规模、体量、结构、功能和社会影响发生了巨大的变化,但其作为知识传播场所的性质却始终没变,变的只是知识的内涵、传播的方式以及场所的形态。大学对知识的传播主要是通过课程实现的。早期大学的课程与知识是同义语,近代大学课程则依据学科专业领域展开,现代大学的课程,意味着学生学习特定高深知识的过程。在纷繁现象的背后,知识与课程的内生关系是以价值判断与选择为桥梁的。正如王同学所分析的那样,围绕"什么知识最有价值"形成了大学课程研究的知识本位范式,围绕"谁的知识最有价值"形成了大学课程研究的社会本位范式。在当下数字化生存方式、知识民主化和学习型社会的大背景下,知识越来越呈现多元化、个性化的特征。正是在此背景下,王同学发现,随着高等教育从精英教育阶段走向大众化甚至普及化阶段,大学逐渐成为各种知识交流的场所,成为大学人自我发现、自我建构的重要驿站,每一个个体的价值在大学中都应得到尊重。于是"每一个人的知识都有价值吗"成为新的知识论域,也是新的课程论题。作者据此着力探寻大学课程研究的学生本位范式。

引入"秩序"这一范畴解读大学课程,是王同学研究的另一个维度。知识传播本身具有某种"秩序"特征,作为知识传播聚集地的大学也表现出鲜明的社会秩序特征,大学课程作为一种有目的、有计划、有影响的社会实践活动,理所当然是一种"秩序的存在"。王同学运用"秩序"这一范畴来描述大学课程的社会性质、系统属性和实践特征。在他看来,大学课程在不同的实践层面分别表现为理智性的"标准秩序"、信念性的"文化秩序",以及情感性的"伦理秩序",三者有机统一,构成整体的课程秩序状态,并具有外部关涉、目标驱动、主体合作、对话生成、持续发展等鲜明的实践表征。基于知识演进和大学发展的丰富史实,王同学描述了大学课程秩序的演变走向:生成于古希腊知识遗产的大学课程秩序,因宗教的控制和国家的人才诉求得以维持,并从"普遍知识秩序"演变为"高深学问秩序",在当代历史条件下正在走向"个人知识秩序"。19 世纪以来,"高深学问"一直是经典大学存在的合理依据。"高深学问秩序"的维持,依赖于"大学是高深学问的领地""大学学习是少数精英的特权""大学自治""学术自由"等要素和条件。但在当代大学教育生态中，这些要素或者受到冲击，或者难以为继，使大学课程秩序与社会需求疏离、与学生需要冲突、与教授观念相左，因失范、无序而备受指责。“高深学问秩序”向“个人知识秩序”转型，已经是大势所趋。具体表现为个性化知识建构成为课程重要目标、课堂由知识传播的场所变为知识交流的场所、传统的学科体系受到跨学科研究需要的冲击、促进了教学与研究关系的重建，对个性化知识建构诉求、学科知识范式的式微以及教学向生活的转移，显示出“个人知识”课程秩序生成的必要性。

用“发展自由”取代“学术自由”，统领大学课程的制度重构，是王同学研究的第三个重要维度。王同学借助诺斯的制度分析框架，即正式规则、非正式约束以及二者的实施特征，对应大学课程系统中的正式课程、隐性课程与课程实施，着力探讨大学课程“个人知识秩序”的制度重建。就大学课程而言，“个人知识”可理解为学生对专业知识的个性化建构、在具体情境中解决问题的能力、具体行动中所采取的独特思路与方法、对知识价值与自我需要的意知、理性信念与情感寄托。因此，大学课程建设的总体目标就包括了四个主要方面：丰富学术体验、建构专业知识、提升意会能力和唤醒理智激情。在“个人知识秩序”主导的大学课程实践中，学术本位逐步让渡于学生主体发展，“学术自由”的传统理念难以彰显现代大学的自由意涵，需要被“发展自由”话语替换。学生作为自我探险者、教师作为课程开发者、学习场域作为课程等，共同构成了大学“发展自由”的基本内涵。

我们不难看到王同学大学课程研究的理路经纬：由知识问题的本体研究——秩序视角的认识论探讨——“发展自由”统辖的实践论重构，形成了当代研究性大学本科课程哲学的主要架构。

因为王同学关于大学课程的研究不无“离经叛道”意味，有些观点甚至是对传统的、经典观念的某种颠覆性的思考，还因为王同学的批判与创新难免有某些偏颇或疏漏之处，因而从论文开题到答辩，都有不同的声音，质疑和争论甚为激烈。我始终认为，有锋芒、有争议的论文才可能是有创新的好论文。如果都四平八稳、中规中矩，答辩时顺风顺水，波澜不惊，那肯定是守成之作，甚至是平庸之作。博士研究生导师，特别是资深年长的学者专家应当宽容、理解和鼓励年轻学者的创新观点，要努力保护学生勇于坚持、敢于挑战和善于批判的学术品格，要细心地琢磨、推敲那些貌似“离经叛道”的观点，斟酌它们是否真有道理，能否自圆其说，决不能粗粗地看一眼就急于下结论或忙着扣帽子。因为，人类认知的发展，科学研究的实质就在于过去逐渐让位于将来，旧的知识逐渐让位新的知识，曾经出现的知识创新逐渐让位激动人心、更加大胆的创新。有了这种认识，我们的学术研究才能避免著名科学教育家施瓦布所说的“理智的偏狭”，避免盲目的自信和思维定式扼杀了创新的火花。

王同学既有挑战传统理论的勇气，又有坚持自己观点的执着，我以为这是难能可贵的，我鼓励他将质疑和诘难作为磨砺自己的刀石，并尽可能地启发他将坚持真理与修正错误结合起来。例如，在开题报告会上，有老师提出疑问：“与‘高深学问’相对的是‘基础知识’，怎么会出现一个‘个人知识’？”王同学的答辩颇有可取之处：“‘封建主义’‘资本主义’与‘社会主义’这些概念也并非是相对应而存在的概念范畴，马克思却用它们来概括不同的社会形态。”“重要的是，作为人类实践的研究，并不仅仅是概念辨析和范畴比对，更有价值的是描述实践，把握变革，指导实践。”他认为，基于发达国家大学人才培养和课程改革的走向，基于当代知识研究的进展，发展“个人知识”应当成为当代大学教学与课程研究的重要目标。我通过自己的深度思考，理解并支持他将“个人知识”与“高深学问”一起作为考察大学课程与教学理论的基石。

其实，早在20世纪80年代初，南京大学《高教研究与探索》就刊发了化学系老教授、中科院学部委员戴安邦先生一篇题为《化学教学十八法》的文章，戴老在此文中提出一个极其重要的观点：大学化学实验、物理实验和生物实验，不应当是简单的再现和演示，而应当是小型的科学实验。作为编辑，我有幸第一时间接触到戴老的这篇文章、这些思想。我的理解是：就人类认识总体而言，这些化学实验、物理实验或者生物实验，都是前辈学者一百年前甚至几百年前已经成功完成并有所发现、有所创新的活动，因而只是一种“再现”，一种“重复”，一种“演示”。但是，对于每一个学生个体而言，它们应当是全新的探索和体验，是个体认知的建构与推进！根据戴老的建议，南京大学对实验进行了改革，将传统的根据实验手册按部就班、重复演示的实验，变为“半开放”“全开放”和“自由探索”的实验。戴先生的这篇文章，由我编发刊载在《高教研究与探索》1983年第2期上，后来被《中国教育报》以一个整版的篇幅转载。我理解，一代又一代学者、教授的科学实验与发现，构成了不同学科的“高深学问”，而现代大学的课程教学与实验教学，就是要引导与激励一代代大学生从人类“高深学问”的宝库中汲取养分，自我构建，形成他们自己的知识结构、认知特点。在师生研讨会上，我引戴安邦老教授的观点，来呼应王同学的观点创新，支持他在保存并扩充人类“高深学问”与建构学生自己的“个人知识”

的差异与张力之间,探讨大学课程原理的新体系;鼓励他在坚持自己主张的同时,也汲取老师、同学的意见,对自己原来的观点有所修正,有所完善。王同学后来谈道:"在研究的艰难旅程中,我珍惜来自老师、同行的每一次观点碰撞或质疑……异质的理解是不可多得的力量,它拨开朦胧的迷雾,使我看到深度思维背后的绚丽风景。"[3]

论文在2012年5月通过答辩,答辩会上仍然有观点碰撞和激烈交锋,王同学面对答辩专家的质疑和反问,并未"唯唯诺诺",低眉称"是",而是据理力争,侃侃而谈。有旁听者将其答辩过程称为"真刀真枪,火化四溅"。南师大一位在职攻读博士学位的副教授则由衷地赞叹:"龚老师,我今天才领略了什么叫真正的博士论文答辩!"

2013年,王同学的论文被评为中国高等教育学会优秀博士学位论文。2014年,由教育科学出版社正式出版。2017年被收入陈学飞、李春平主编的"高等教育政策与管理研究丛书"第二编,由台湾花木兰文化事业有限公司在台湾地区出版。王同学也辞去江苏省教科院基教所的职务,调入南京师范大学教育学院当教授,继续他对大学课程哲学的研究。

回首指导王同学攻读博士学位的过程,最真切的体验是,必须对师生关系有个正确定位,切忌自以为是,好为人师。传统的以"传道、授业、释疑、解惑"为旨归的教师观,显然难以适应以造就高素质创新人才为重任的21世纪大学教育。"流言止于智者"是一大幸事;而"问题(思索)止于智者"则不但令人遗憾,更是学术及家国的不幸。我想重申一下若干年前我在一篇论文中提出的若干想法[4]:

其一,导师不仅要"释疑、解惑",而且要启思、置疑,引而不发。作为教师,确实要解答学生的疑难,帮助他们消除在学业和人生道路上碰到的困惑。但这种指点和帮助,不能越俎代庖 ,替代学生自己的思考。而且,"释疑解惑"并非是将疑惑全部"冰释",而是要引导学生在明了旧疑的基础上思考新的、更深层次的问题。有时甚至要"置疑""设疑"。

其二,决不掩饰自己在某些问题上的失察甚至无知。即便是博士研究生导师,也不可能通晓一切。尤其在信息社会到来的今天,教师再也不可能像在古代和近代社会那样,垄断知识和信息。在学生面前坦率地承认自己的不足,与学生共同研讨和思考应当是21世纪大学师生关系的题中应有之义。德籍美裔生理学家洛布(Jacques Loeb,1859—1924)有一次被学生课后的提问所难倒,他并未掩饰自己的无知,而是坦然而言:"我回答不出你的问题,因为我自己还没有看过教科书的那一章。不过你明天来的时候我已经看过了,也许能够回答你的问题。"采取这种平等、开放、诚实的态度,不怕出错和显拙,对于增强年轻人的自信心,对于形成一种激励思考、勇于创新的氛围大有好处。在近代物理学界独树一帜、影响深远的哥本哈根学派之所以人才辈出,青胜于蓝,一个十分重要的原因,就是这个学派的领军者玻尔从来都是"毫不犹豫地在学生面前坦陈自己的错误"。玻尔这样做,一方面显示自己与学生在科学真理面前完全平等;另一方面则是鼓励学生勇于发表自己的创见,而无须顾虑出错可能引起的难堪。玻尔和洛布无疑是值得我们做导师的学习和效法的。

其三,不因似是而非的回答终止学生的创新思考。研究生导师由于经验丰富,涉猎甚广,而且善于表达,有时在解答研究生问题时,往往会十分"圆润""妥帖"地将学生的疑虑化解,其实并未真正解决问题。学生出于对教师的尊重或崇拜,在这种似是而非的回答面前,往往知难而退,不再坚持,就终止了进一步的思考和探究,一些颇有价值的问题可能就此被束之高阁。教师一定要尊重并认真思考大学生、研究生的提问,不能让"问题(思考)"止于自己。

其四,真正花时间、沉下心来研读、审核研究生的论文,不浮光掠影,不妄下断语。成为教授和博士生导师之后,经常受邀审读博士论文,或者担任答辩专家,我总是战战兢兢,如履薄冰。有的时候,送审的期限甚短,或者送审的论文较多,往往连通读一遍都来不及,更遑论评述高下、判断优劣了。曾经听有些教授吹嘘"快速审阅论文"的诀窍:一看前言二读后记,翻看摘要写出评语。我总觉得难免有"草菅人命"之嫌。负责任的博士生导师要真正沉下心来认真研读、审核研究生的论文,去厘清其研究思路,琢磨其论点依据,方能判别其论文价值和新意所在,也才能提出中肯剀切的修改意见。如果"临阵磨枪",草草了事地浏览一下,就发表一通宏论,往往会因为"想当然"而不得要领,或者因为"急就章"而郢书燕说。因为真正优秀的、有创见和新意的论文,一定是超越我等既有的认知领域、超越已成定势的思维和"习以为常"的共识的。如果研究生的学位论文所研究的问题、所阐述的观点都中规中矩,都让我等听来"耳顺"且"不逾矩",则创新与突破从何谈起?

## 参考文献

[1] [美]约翰·S.布鲁贝克:高等教育哲学[M].王承绪,等,译.浙江教育出版

社,2001:2.

[2] 王一军.当代大学课程秩序论——在“高深学问”和“个人知识”之间[M].教育科学出版社,2014:327.

[4] 龚放,岳晓东.强化问题意识 造就创新人才[J].青年教师导报,2000(4).

# 研究博耶的“三个一”

龚　放

我指导的博士生潘同学研究欧内斯特·博耶的缘起和进程,可以用“三个一”加以概括,即选题“一拍即合”、过程“一波三折”和结果“一举中的”。

2008 年考取南大在职博士之前,潘同学是常州工学院教务处副处长。长期从事本科教学和管理工作,他对本科教育的钟爱之情和使命感特别强烈。他在博士学位论文后记中写道:“在工作中,我常常困惑于本科教学中的许多难解之题,直到有一天我从学校图书馆的书架上发现了一本名为《美国大学教育:现状、经验、问题及对策》的译著,卡内基教学促进基金会主席博耶博士对本科教育的深刻洞察让我茅塞顿开,也引起了我研究本科教育的兴趣。……博耶的《学术水平反思:教授工作的重点领域》,当我一口气读完这部充满睿智见解的著作时,不仅折服于他对大学学术工作内涵的独特领悟,更让我萌生了对这位伟大的教育思想家进行研究的冲动。”在考取南大博士研究生之后,潘同学毅然辞去副处长之职,以示潜心向学之意。同时,他告诉我有志将欧内斯特·博耶的高等教育思想作为研究对象,阐扬博耶把本科教育作为大学核心使命的理念,这一想法与我可谓“心有灵犀一点通”。

美国高教界一批有识之士从 20 世纪 80 年代中期开始,就不断呼吁重视高等教育质量滑坡问题,扭转大学日趋严重的忽视本科教育的倾向,其中最早倡导“为学生的成长与发展服务”的,就是担任美国卡内基教学促进会主席的欧内斯特·博耶。1995 年他不幸早逝后,以他的名字命名的“博耶研究型大学本科教育委员会”更是振聋发聩地喊出“重构研究型大学本科教学”的口号,引起我国高等教育界的关注和共鸣。2006 年我承接了教育部高教司委托的重点课题“大学教授承担本科教学的调查研究”后,反复研读了博耶领衔撰写的有关本科教育的系列研究报告。博耶对大学核心理念和根本使命的精辟见解和执着坚持,特别是他不仅“坐而论道”而且“起而行之”,甚至“鞠躬尽瘁”的精神,让人肃然起敬。我意识到,各国高等教育的发展既有其各自的特点和个性,更有一些共性的问题和共同的趋势,其中,在大学越来越多地承担科研重任和社会重责的大背景下,如何看待大学的核心使命,如何让学生投身学习、让教授献身教学以保障本科教育的质量,既是西方发达国家昨天碰到的难题和挑战,也是今天中国大学无法回避的挑战和必须面对的难题。2008 年春,我作为高教研究所所长应邀参加南大校长、常委联席会议组织的“务虚研讨会”,曾奉命向学校领导介绍了发达国家研究型大学在重构本科教育方面的变革,评析了博耶和德里克·博克等学者的见解,同时郑重建议:研究型大学能否坚持“务本”,即始终把握治校办学的第一要务,办好本科教育,是一个世界性的课题。南京大学应当也可以在这方面有所作为、有所突破。时任党委书记的洪银兴和校长陈骏等十分赞同这一观点,果断地提出“南京大学要办中国最好的本科教育”的设想。同时,他们还希望我们教育系、高教所沉下心来,组织师生在这方面做更多更深入的研究。因此,我也很希望能够有博士生将本科教育作为自己研究的选题。潘同学的研究设想,与作为导师的我确实“不谋而合”。

如果说我们在研究选题上是“一拍即合”的话,实施过程却经历了“一波三折”。凭着扎实的外语功底和精心的研究设计,潘同学顺利地获得了江苏省留学基金会的批准,可以利用公派出国机会进行为期半年的学术访问,去美国收集博耶研究的相关资料,访谈诸多学者专家,以获得大量第一手资料。然而,始料未及的是,有关部门领导未曾细看潘同学的留学申请报告,就“乱点鸳鸯谱”,将其派遣到澳大利亚!这真是让人始料未及!我只好代潘同学向主管高教的省教育厅副厅长丁晓昌陈情,提出“改派美国”的要求。很幸运,丁厅长不仅重视高教研究,而且十分理解高教研究的甘苦,欣然支持并促成了潘同学的“改派”。但是,在具体访学院校的选择上却再遇难题。在 2009 年新浪教育论坛上,我结识了中国旅美学者赵春梅博士,得知她曾在美国卡内基教学促进会任职多年,遂请她帮助联系弥赛亚学院的欧内斯特·博耶研究中心,接受潘同学为访问学者。赵博士慨然允诺,但联系后得到的答复却是:博耶中心当时正在整修,无法接受外国访问学者!这真是又一个“始料未及”!好在当时我正通过赵春梅博士和加州大学总校院校研究室副主任常桐善博士,与伯克利加州大学高等教育研究中心商讨合作进行“研究型大学本科生学习经历调查(SERU)”事宜,得到他们的鼎力相助,潘同学最终得以成为伯克利加州大学的访问学者,指导教师就是高等教育研究中心的约翰·道格拉斯教授,一位顶尖的高等教育研究专家。

一波三折之后,终于迎来“一马平川”。道格拉斯教授对潘同学学术研究的精心指导,常桐善、赵春梅博士与潘同学的研讨、切磋,以及在生活上提供的诸多方便,使得潘同学的半年学术访问既顺利又充实,可谓“一举中的”,收获颇多。他利用伯克利加州大学一流的图书馆和学术网络,系统收集了有关欧内斯特·博耶的研究资料,而且在2011年初美国东部特大风雪之际飞赴宾州,在博耶中心伏案一周,全面查阅了博耶的所有档案,并得到授权复制了大量文献资料。更难得的是,他在道格拉斯、赵春梅和常桐善等的帮助下,先后访谈了卡内基教学促进基金会高级学者玛丽·胡贝尔博士、圣克鲁斯加州大学前校长卡尔·皮斯特教授、伯克利加州大学教务长助理辛西娅·施瑞嘉等重要人士,获得了相当难得的第一手资料,从而为自己的博耶研究全面、深入且富有创见提供了可能。

潘同学的博士学位论文在2012年顺利通过答辩,后来以《守护本科教育的灵魂:欧内斯特·博耶的高等教育思想探微》为名,由高等教育出版社正式出版。在我看来,潘同学的博耶研究的成功至少体现在以下几个方面:

其一,大胆探讨了欧内斯特·博耶的高等教育思想的哲学基础——基于"核心共性"的普遍联系观。潘同学认为,博耶的教育理念中,"联系"的观点无处不在,"实际上,博耶终生都在寻找一种深刻的含义——探寻教育内部的联系,并通过教育内部的联系,找到教育与更加广阔的人类经验之间的联系,最终形成最普遍的联系,培养真正受教育的人"。潘同学将博耶的哲学理念概括为"基于'核心共性'的普遍联系观",我认为不但能够自证其说,而且是十分剀切的。

其二,在全面探析基础上凸显博耶教育理念的核心主题:守护本科教育。潘同学将博耶的教育理念概括为本质观、职能观、教育目标观、质量观、课程观、学术观六个方面。潘同学的研究发现,将这六个方面连成一体的,是博耶对人才培养特别是本科教育这一"大学理念的灵魂的坚定守护"。"几乎在其每一种理念中,他都在强调着共同的核心主题:关注本科教育的质量,关注学生的培养和成长……可以说,本科教育的灵魂支撑着博耶大学理念的大树,并渗透至其思想的每一片枝叶之中。"

其三,充分论述了博耶对美国高等教育变革的引领作用以及对国际教育界的重要影响力。潘同学发现,20世纪80年代以前,美国学者对大学的关注点主要集中在大学本质、大学治理、学术自由等宏观话题上,即便是对大学课程改革、教学评价等问题的探讨,其出发点和结论也主要是为管理者服务的。而在80年代中期关于高等教育质量的争论中,博耶提出本科生学习经历与体验的崭新视角,对"什么是好的大学"进行了全面的解读,为学生的成长和发展提供了全方位的指导。"博耶此举可谓是开风气之先。随后,更多的美国学者开始把目光投向大学本科教育,关注学生成长经历。”一方面，将“学生投身学习”的意愿和强度作为评价、衡量本科教育质量的观点，将学生在高校的学习经历和体验作为本科教育质量控制最重要的维度，已经被越来越多的大学治理层和研究界所接受。印第安纳大学发起的美国“全国学生学习性投入情况调查(NSSE)”、伯克利加州大学领导的“研究型大学学生就读经验调查(SERU)”等，不仅蔚然成风，而且对中国高教界也产生了重要影响。另一方面，博耶及其继承者有关“重构研究型大学本科教育”的蓝图设计和实施，与哈佛学院原院长哈瑞·刘易斯对“失去灵魂的卓越”的批判，以及哈佛大学原校长德里克·博克对“回归大学之道”的期盼，相互呼应，激荡回响，终于导致了美国研究型大学的深刻反思和“重构”行动，同时也引发了旨在创建世界一流大学的中国研究型大学“办一流本科教育”“为学生成长与发展服务”的新世纪变革。

作为导师，我的作用首先体现于，全力支持潘同学将博耶研究作为自己的博士学位论文的选题，肯定其学术意义和应用价值，并将其选题与当代中国高等教育改革发展的现实需要联系起来。因为中国正迈入建设高等教育强国的快车道，无论是“世界一流大学建设”，还是地方应用型本科院校的转轨与提升，都需要固本培元、回归大学之道，都需要借鉴他山之石，探索兼具国际视野和中国特色的本科教育新路。其次，为潘同学改派美国、落实访学机构并顺利查询、收集资料和访谈创造条件。当年潘同学赴美访学时，我曾经对他提出要求：尽可能全面地收集博耶的资料，尽可能多地访谈与博耶有交集的人物。唐代文人韩愈在《送温处士赴河阳军序》中曾云：“伯乐一过冀北之野，而马群遂空。”我也希望潘同学能够拿出敏锐眼光，利用一切可能钩沉稽要，使得有关博耶及博耶研究的资料素材能够“北群遂空”。现在看来，这“北群遂空”的设想尽管未能完全实现，但因为“取法乎上”，仍得其中。在美访学半年，潘同学收获甚丰，不仅为其研究博耶收集了比较全面的文献资料、信息、档案，而且由于他在博耶中心、伯克利加州大学和斯坦福大学等进行的深度访谈，获得了许多鲜活的、不同于既有文本的素材，其中不乏思想的闪光和观点的碰撞。基于这些自己寻觅、采集而得的第一手素材，潘同学的博耶研究自然就不落俗套，颇具特色了。

# 坚定　坚持　坚守　坚信

## ——在浙江大学教育学院教育学博士生座谈会上的发言

宣　勇

**宣勇**，浙江外国语学院党委书记、教授、博士生导师。已培养博士生6位。

感谢浙江大学教育学院聘请我作为兼职博士生导师，而且有这么一个简朴而隆重的仪式。吴雪萍教授让我与大家分享一下治学经验，内心非常忐忑。熟悉我的人都知道，我有三大业余爱好，第一个是书法，第二个是乒乓球，第三个就是做高等教育研究。为什么说做高等教育研究是我的业余爱好？自1996年进入学校领导班子开始我一直在从事党务工作、行政管理工作，但不管岗位怎么变化，这三个爱好没有变过，一直伴随着我。但是我一直牢记一句话，“千万别用你的业余去挑战专业”。所以我对喜欢的书法家、乒乓国手，包括高等教育研究领域的专家们一直充满敬意，我也一直以专业的态度以他们为榜样学习提升和享受着我的业余爱好。有缘的是，对我做高等教育研究这一业余爱好启蒙和影响最大的就是我们原杭州大学比较教育研究中心王承绪老先生等翻译的《高等教育哲学》《高等教育新论：多学科的研究》等高等教育名著，也是我给研究生们推荐的必读书。今天，来到这些名著翻译的原产地，作为国内非常有影响力的专业教育研究与教学机构——浙江大学教育学院受聘教育学博士的校外兼职导师，我理解为这是专业对业余的一种认可，感到十分荣幸，非常感谢！事实上，在这之前我与邹晓东教授、周谷平教授、许迈进教授等已经联合培养了若干名Ed.D的学生。作为业余爱好者，我想就读博士和搞研究跟大家谈几点感受。

### 一、坚定学术信念

信念很重要。在座的都是博士，是从事教育领域研究的年轻教师，我们都是“教育人”。读博士意味着我们经过了严格的教育学方面的学术训练。我记得北大的陈平原先生曾经讲过，你读博士，拿到博士学位，就意味着拿到了进入学术圈的一张入场券。既然拿到了入场券，而且准备进场，那就要将学术作为一种终身追求，作为一种信念，坚定地走下去。所以，我招收博士生的一个基本前提是要求其必须想清楚，为什么要攻读博士？这也是我们现在常常在追问的“初心”是什么？

我为什么读博士？回想起来，这与浙江大学四校合并有关。因为四校合并，给浙江地方高校的发展带来了机遇和挑战，1998年，我任浙江工业大学党委委员、组织部部长，工大党委敏锐地抓住机遇，成立学校发展与改革领导小组，我兼任这个领导小组的办公室主任，主持起草改革方案。正是在改革方案的起草调研过程中，激发了我对大学组织变革这一问题的浓厚兴趣，感慨于对大学组织的研究在理论上远远落后于企业管理理论的现实，也感慨于中国大学组织运行效率的低下，我立志于寻求大学变革的逻辑，就是带着这样的问题与兴趣，在1999年的秋季，师从我国著名的高等教育管理学家、华东师范大学教育科学与管理学院院长陈玉琨先生，攻读博士学位。在陈先生的悉心指导下，我完成了博士论文，也开始了对大学变革理论的探求之路。拙作《大学组织结构研究》就是在博士论文基础上修改而成的一个初步的成果。我的业余爱好也得到了正规的专业训练，也拿到了进入高等教育学研究领域的入场券。

我以为，做学术最好的状态不仅仅是将学术当作一种职业，还要像马克斯·韦伯讲的那样把学术作为一种志业，实现吴宓先生“学术化生存”的状态。作为一个纯粹的学者，如果能够达到学术化生存，就是达到了最高的学术境界，这是一种非常美妙的生存状态。当然，达到这种状态需要坚定的学术信念。生活当中有很多诱惑，学术道路上也有很多磨难。我认为王国维先生讲的三个境界，就是对学术状态最好的描述。一是需要勇气。选择学术道路是需要勇气的，“昨夜西风凋碧树，独上高楼，望尽天涯路”，独上高楼就需要勇气，而“望尽天涯路”，是在你选择的领域博览群书，到达研究领域制高点和最前沿的地方。二是需要耐力，要耐得住寂寞。这是王国维先生讲的第二个境界：“衣带渐宽终不悔，为伊消得人憔悴。”在学术道路上的确是很寂寞的，如钱钟书先生所说，大抵学问是荒江野老屋中，二三素心人商量培养之事，朝市之显学，必成俗学。学术不是什么热热闹闹的事情。所以，要耐得住，要有定力。三是成就感。做学问也是有喜乐的。这就是王国维先生讲的“众里寻他千百度，蓦然回首，那人却在，灯火阑珊处”。学术的成就感也许就在这个蓦然回首之中。所以，我们应该有这种坚定的信念。

## 二、坚持基于问题

有人讲教育学是一门人文学科，但我同时认为教育学也是一门实践性很强的学科。在高等教育哲学中关于高等教育一直存在着认识论和政治论的争论,从当今国际高等教育的发展来看,高等教育政治论已经成为主流。记得哈佛大学新校长巴科(Bacow)刚上任的时候宣称:今天,我的灵感来自我们的使命,历史和价值观,我们的雄心,才能和善意的力量,以及我们面前的无限可能,我们将用我们的力量帮助整个人类进步。而哈佛大学老校长博克在早前更是明确讲美国高等院校根据自己的意愿和喜好,随心所欲的自我发展时代已经过去了。

那么作为高等教育学者,我们的使命和担当是什么?我记得德国哲学家费希特在《论学者的使命》中讲到:一个学者的使命主要是为社会服务,不关注社会需要的人不是真正的学者。一个学者特别担负着这样一个职责:优先地、充分地发展他本身的社会才能、敏感性和传授技能。一个学者要对社会保持敏感,要通过自己的专业知识,去影响并且改变社会,从而造福社会。学者应该比任何其他人都更有诚信,有对真理追求的热切愿望。同时,他还应该能够阐明、检验与澄清真理。我十分赞同邵清主席讲到的问题意识,作为教育学者,我们研究教育问题不能仅关注教育问题本身,而应从社会、从整个人类的发展视角来关注教育问题。因为,任何重大理论问题都源于重大现实问题,任何重大现实问题都蕴含重大理论问题。以理论的方式面向现实,就会在理论与现实的交接点上找到值得研究的问题,揭示出大大小小有意义的规律。这就是一个学者的使命,是非常重要的。值得注意的是现在讲的“破五唯”,其中要破除的论文恰恰就是那些既无学术价值又无现实意义的文章。

我的研究一直都是源于实践中的问题。以浙工大的校内管理体制改革为起点,试图为解决高等教育的管理远远落后于企业管理,改变大学内部经验式的、传统的、作坊式的管理,建立现代大学制度提供中国特色的理论支撑,因此,2003 年我在浙工大成立了现代大学制度研究中心,在这个方向上一直持续研究到现在,没有动摇过,所以有了第三个体会。

## 三、坚守学科方向

我想,一个人一辈子能做成一件事情就很了不起了。特别是学术研究,它是一个深耕的过程,是一个挖深井的过程,而不是一个挖坑的过程。我在农林大学任职的时候,经常跟教师们交流如何判断一个教授的成功,标准就两条:一是学术圈中大家都知道你的研究专长,二是政府或社会行业中遇到某个专业问题的时候,能够求助于你。我认为这样的教授就是成功的。但是这种成功源自什么？其实就是在一个方向、一个领域深耕，坚持走下去。

但是，目前的考评体系也存在问题，例如，要求文章篇数。大学也是“数论文篇数”，大学排名依赖文章数目的多少。比如生命科学和生物工程领域的论文对大学排名是有主要贡献的，这种考评体系之下，综合型大学纷纷建立医学院，其中一个很重要的因素就是要多发表论文，提高排名。从学者个体来讲，我们也会面临这样的诱惑和现实考核，要求文章的篇数和课题的数量，但是如果真的有学术信念，就要坚持在一个点上、在一个领域深耕，才会有大的成果，作出大的贡献。所以在我们现代大学制度研究中心有一个规矩，凡是申报课题都要围绕“现代大学制度”这个主题，无关的课题一律不报，无关的研究一律不做，即使费用很高的横向委托，我们也不做，这条不成文的规矩就是希望在现代大学制度这个领域一直深挖下去。2014 年，《高等教育研究》第九期上有一篇文章对中国现代大学制度研究进行了一个述评，我们的研究机构被认为是国内产出最多的，排在第一名，第二名是华中科大，第三名是厦门大学。就是在这个领域，通过深耕才产生了一定的影响。

## 四、坚信团队力量

刚才介绍的浙工大现代大学制度研究中心，成立快有 18 年了。我很感谢团队的成员们，也感谢浙江工业大学，不管我工作调到哪里，我们的团队始终对我不离不弃，研究也未曾中断过，我们有个很好的传统和制度，就是每个礼拜二下午有一次学术会议，一直这样坚持着。当然，对于学术团队生存而言很重要的一点是饱满的科研任务，要由研究任务来凝聚大家，通过不断地讨论，不断地深耕，不断地产出成果，团队才可以持续。我的体会是以团队的组织形式进行研究营造了创新氛围，更有效率，更利于持续。团队成员之间可以持续的相互激励，相互督促。当然，团队建设初期的凝聚力养成特别重要，所以我要特别感谢省社科联的支持，我们团队的第一个课题就是 1999 年得到了省社科联 3 000 元的课题经费，就是从这 3 000 元课题开始持续地研究，不断地申请新的课题，从省社科规划课题、省自然科学基金、国家社科基金、国家自然科学基金到教育部的重大哲学社会科学招标项目，滚雪球一样慢慢地积累。这一路走来靠的是什么？就是团队的力量。是团队支撑着共同坚持到今天，因此，学术的发展要坚信团队的力量，我今天在学术上取得的一些成果，其实是团队的共同成果，也不是我一个人的贡献，我感谢我的团队。

# 编后感　博士生培养的跨界反思

郝清杰

2017 年 6 月，我主编的《马克思主义理论学科博士生培养大家谈》[1]由高等教育出版社出版发行，在马克思主义理论学科产生了良好反响，并于 2019 年 12 月再次印刷发行。2018 年 8 月，我调任中国高等教育学会副秘书长后，借鉴以往工作经验，遵循"从专家中来、到学生中去"的工作思路，逐步形成了编写《高等教育学学科博士生培养大家谈》[2]的工作设想。2019 年 10 月，我们发出约稿函后，得到学会学术委员会和部分高校专家的大力支持。截至 2020 年 6 月，我国高等教育学领域共计 22 位博士生导师应邀总结自己从事博士生培养的丰富实践经验，撰写了一批富有真知灼见的高水平文章。可以说，这些导师们培养博士的实践总结，概括了我国高等教育学学科博士生培养的丰富经验，代表了这一学科高素质人才培养的当代水平，展示了高等教育事业发展的时代特色。这些文章全部收录到《高等教育学学科博士生培养大家谈》，其中部分文章已在《中国高教研究》刊发。这两部"大家谈"分别收录了马克思主义理论学科 28 位博士生导师培养 591 位博士生、高等教育学学科 22 位博士生导师培养 569 位博士生的丰富成果，对于解决当前博士生培养面临的突出问题，提升高素质专业人才培养质量具有重要参考价值。从更为广泛的意义上讲，围绕博士生培养这个主题，汇集两个学科 50 位博士生导师培养 1 160位博士的成功经验，就是在召开一个规模宏大、探讨深入的专业跨界研讨会。在这种既有意义又有意思的专业跨界研讨中，专家们不但有很多普遍共识，而且有不少观点争鸣，更有殊途同归的科学认识。在总结这两大学科博士生培养经验之际，2020 年 7 月，习近平总书记对研究生教育工作作出重要指示时强调："要高度重视研究生教育，推动研究生教育适应党和国家事业发展需要，坚持'四为'方针，瞄准科技前沿和关键领域，深入推进学科专业调整，提升导师队伍水平，完善人才培养体系，加快培养国家急需的高层次人才，为坚持和发展中国特色社会主义、实现中华民族伟大复兴的中国梦作出贡献"。[3]这为我国研究生（包括博士生）教育指明了方向、提供了遵循路径。通过这两大学科的跨界反思，我们可以总结哲学社会科学领域博士生培养的共同特征，探讨我国博士生成长的基本规律，为推动新时代的研究生特别是博士生教育、培养造就大批德才兼备的高层次人才提供有益参考。

## 一、50位博士生导师的思想共识

参与这两部“大家谈”撰写的50位博士生导师中，既有高等教育学学科迎来百岁华诞的潘懋元先生和马克思主义理论学科年逾九十的陈先达先生，也有不少“70后”的中青年博士生导师，他们背靠背书写同样一张试卷：如何培养高质量的博士生？在这52份（南京大学龚放教授撰写了3篇）“答卷”中，有博士生导师们的不少思想共鸣。

“答卷”中，出现频率最高的关键词是“问题意识”——共计出现了143次。由此可见，在博士生培养特别是博士学位论文的撰写中，强化问题意识成为最大的思想共识。为什么会有这样的思想共识呢？恰恰因为这是博士生最为缺乏的一种学术素养。在马克思主义理论学科，缺乏问题意识是一种普遍现象。吉林大学韩喜平教授指出：“当前，在马克思主义理论学科中，有的博士生发现问题能力不足，倾向于重复研究已有定论的老问题，多是在旧问题中绕圈子；有的博士生不能提出问题，常常是无问题或围绕着伪问题‘无病呻吟’，等等。诸多的表征反映了马克思主义理论学科的博士生存在着缺乏问题意识，没有形成发现问题、找准问题、分析问题和破解问题的研究逻辑。”[1]实际上，这种现象不仅仅存在于马克思主义理论学科，在高等教育学等其他学科中也有不同程度的表现。有高等教育学学科的博士生导师指出，在每年的博士学位论文评审和答辩过程中，会发现一些博士学位论文的完成情况并不尽如人意，主要表现是内容平淡，甚至有些选题是“不研究也可以想到这个结果”，没有提出和回答一个在智力上具有挑战性的问题。

实践表明，增强问题意识是开展理论研究、写好博士学位论文的重要前提。北京大学阎凤桥教授指出：“如何才能养成一种学术感觉呢？笔者认为，一个很重要的方式是养成学术问题意识。北京大学教育学院陈学飞老师把人才培养目标归结为六种意识，其中问题意识位居前列，另外五种意识分别为：学理意识、方法意识、历史意识、国际意识、政策意识。在我攻读博士学位期间，我的业师闵维方也告诫我们，要善于发现知识上的‘缺口’（gap），这样才能使自己的研究具有创新意义和学术价值。”[4]北京大学三位教授的这一共识表明，对于博士生来讲，要想写出一篇合格的论文，发现和提出一个有重大价值的好问题，是走向成功、写出高质量论文的根本立足点。

那么,什么样的问题才是具有重大研究价值的好问题呢?苏州大学周川教授认为有重大价值的好问题,首先应该是高等教育的"真问题","应该是具有学术意义、具有研究价值的高等教育问题,它是高等教育活动中某一系统性、普遍性矛盾的反映。这个矛盾可以来自高等教育的实践,也可以来自高等教育的理论和观念,或者来自于实践与理论之间。无论这个矛盾从何而来,它在现象上都表现为高等教育活动中的某种困难、偏差、失误、反常、悖谬。这个矛盾越是带有系统性、普遍性、规律性、本质性,那么反映这个矛盾的问题就越'真',它的研究价值和学术意义就越大,创新性也越高"。[5]由此可见,问题意识并不是在头脑中随意产生的,真正的问题也不是一个人苦思冥想出来的,而是现实生活的各种矛盾、问题凸显和聚集对于理论和实践发展的呼唤。培养问题意识、发现真问题、解决现实问题,应该走出书本和象牙塔,回到纷繁复杂的现实社会中去调查研究。

针对马克思主义理论学科博士生的问题意识培养,广西师范大学汤志华教授同样指出:"关键在于学会找准研究中的真问题。什么是学科研究中的真问题?一是能够直面现实并回应现实的问题,二是能够进一步推动和深化学术研究的问题,三是符合学科内在要求的问题。"[1]这说明,对于马克思主义理论学科的博士生来讲,在关注社会现实特别是立足中国特色社会主义生动实践基础上发现问题。"问题是时代的声音",要直面问题、研究问题、回答问题、积极解决问题,把服务党和国家科学决策,解决重大理论和现实问题作为马克思主义理论研究的根本旨趣,深入探究和解答改革开放和现代化建设中的重大理论和现实问题。

在这52篇"答卷"中,出现频率较高的关键词还有"研究选题""创新精神培育""经典文献研读""论文写作方法""教学相长"等。这说明在博士生培养中,导师们普遍认为要重视研究选题的选择,重视创新精神的倡导,重视论文写作的方法,重视教学相长的意义。其中,不少专家指出,多年培养博士生的经验表明,不论是对于马克思主义理论学科还是高等教育学学科的博士生来讲,根本问题是理论方向和学风问题。其中一个重要的考察途径,就是看其能否静下心来研读专业原著,真正走进经典之中,把握本专业经典作家的思想精髓,掌握科学的思想方法,回应现实发展中的重大理论挑战。中国社会科学院侯惠勤教授指出:"这不仅是决定该学生在今后理论研究道路上能够走多远的根本因素,也在很大程度上决定了马克思主义理论学科的办学方向。正因为如此,读经典著作,就不仅是个如何读书的问题，还是一个如何对待马克思主义的根本态度问题；不仅是个读书做学问的问题，还是一个世界观、人生观、价值观的砥砺和升华的挑战。因此，对于马克思主义理论专业的导师来说，抓学生研读经典，就抓住了培养学生的关键一环，值得下大力气去研究和引导。"[1]这是针对马克思主义理论学科讲的，对于高等教育学等其他学科同样有借鉴意义。

## 二、共同话题中不同观点的思想争鸣

当然，在以上这些基本思想共识中，博士生导师们的具体观点也不尽相同，有些主张针锋相对，个别观点甚至大相径庭。这恰恰营造了一种百花齐放、百家争鸣的学术研讨氛围，使我们能够全方位探索博士生培养的教育规律。

在如何实现教学相长这个核心问题特别是博士生如何选择论文题目的问题上，博士生导师们的主张可谓是仁者见仁、智者见智。中国人民大学刘建军、北京师范大学王树荫等教授主张应该采取积极的教学态度，做博士生成长的良师益友，切实承担起得天下英才而育之的职责，及时把握学生的思想和学习动态，组织论文"会诊"，甚至亲自上手为学生修改论文[1]。高等教育领域的博士生导师也有类似的观点，认为导师积极干预是提高培养质量的硬道理，对于需要学生完成的研究任务，导师要努力做到及早干预、全程干预和深度干预，不能任由学生自己去摸索，至少不能让学生自我摸索的时间过长，强迫学生不妥，放任学生更糟糕，有意识地引导和磨合是上策。这些主张代表了部分博士生导师的思想认识。与之针锋相对，北京大学陈洪捷教授则认为应该注重培养博士生独立开展科研的能力，特别是在给博士生指定研究题目还是让博士生自己找到研究题目这个问题上，他鲜明主张："为了方便、省事，或为了效率，固然可以让博士生做'命题作文'，但这无疑是对博士生培养过程的一种简化。这种简化代价甚大，很不可取。我相信，一种完整的、扎实的博士生学术训练，必须包括早期的独立提出研究问题的探索过程，否则就只能算是打折的博士生教育"。[6]这种主张得到部分博士生导师的认同。厦门大学别敦荣教授指出："博士教育是一时的，博士的发展是一生的。博士的路要靠他们自己走，博士教育不能囿于导师自己的学科方向，更不能局限于导师个人的研究课题，要处理好导师的研究与博士个人学术发展的关系，使他们在理论、方法、能力和素质等方面都得到更好的发展，为他们开拓自己的学术天地打好基础。"[7]当然，也有博士生导师认为，博士生培养的实践表明，当博士生自主选择论文选题时，导师可以从方法论上提供一些咨询，在具体内容上不多干涉，可以激发学生的积极性，这未必不是好事。

这些特色鲜明甚至针锋相对的观点，反映了博士生导师们教书育人的不同风格，我们当然不能简单地用对错优劣来评判，但是可以从中得出教无定法、学无定法、贵在得法的结论。他们提供的不同教育教学方法，为培养博士生提供了多种方法选择。武汉大学的佘双好教授为了帮助同学们选择一个合适的选题，在指导研究生的过程中总结了"选题三原则"[1]：选题的学科属性原则，即本选题是否属于本学科研究范围；选题的相宜性原则，即选题是否能够达到学位论文的深度，是否有做的价值；选题的可行性原则，即在规定的时间和有限的资源条件下能否顺利完成任务。这些思想观点，对于不同学科的博士生选择研究题目都有重要指导意义。

在博士生培养中，培育创新精神也是一个重大问题。参与这两部"大家谈"撰写的博士生导师们从各自的教学实践中，总结出了一系列丰富经验。华东师范大学王保星教授指出："尽管不同国家的博士生学位授予标准、不同学科的博士研究生培养方案内容彼此不同，博士研究生指导教师的指导风格和指导内容也各有差异，但在对博士论文创新性的要求上却采取了一致的立场。"[8]南京大学张红霞教授认为："博士论文创新是指发现了前人没有发现的新规律、回答了前人尚未回答的理论问题，或解决了前人尚未解决的实际问题（前者一般适用于 Ph.D 研究，后者适用于 Ed.D 研究）。'规律'有普遍性和区域性、长久性和暂时性之分；实际问题有大小之分；研究结论的推广性也有大有小，当然创新就有大小之分。然而，创新性大小的评判是一个复杂问题，难以形成客观标准，最终裁决权在于学术圈的同行评议制度。"[9]在《马克思主义理论学科博士生培养大家谈》中，也有部分博士生导师对理论创新进行了探讨。

在论文的写作过程中，能否严格遵循学术规范，也是一个被普遍关注的问题。武汉大学沈壮海教授认为："学术规范是学术发展的基石，是学术发展的生命线。把握住这个生命线，学者的学术生涯才会更辉煌，才可能产出理想的学术成果。这就是学术规范的意义所在。"[1]他总结归纳了学术规范的八个方面，即话语规范、选题规范、研读规范、方法规范、论证规范、行文规范、引用规范、道德规范等。同时，他指出遵循学术规范，目的不是因循守旧，不是墨守成规，不是故步自封，而是在继承前人研究成果的基础上，在前人开辟的学术道路上，继续开拓创新，不断推进理论研究的发展进步。[1]同样，在《高等教育学学科博士生培养大家谈》收录的文章中,也有博士生导师针对学术规范问题提出了自己的见解。

在这两部“大家谈”中,两个学科的博士生导师们还就培养学生的国际视野、加强博士生培养制度建设等问题,进行了深入探讨,提出了不少值得关注的思想观点。从另一个角度讲,这些博士生导师丰富的教书育人经验和深刻的思想观点,也是他们自己由青年学者逐步成长为学术大家奋斗历程的切身感受。

## 三、写出好论文应坚持“四项基本原则”

马克思主义理论学科和高等教育学学科的博士生培养,虽然在培养目标、教学内容、教育方式等方面有着较大差别,但是从更为宽广的范围如哲学社会科学领域的博士生培养来讲,又有着不少共同的特征和内在的一致性。近十年来,笔者参加了近百位博士生的毕业答辩,审阅过近千篇博士生撰写的各种论文,与这两个学科50位博士生导师培养1 160位博士生的成功经验相印证,可以说是殊途同归。这些论文中的共性问题集中概括为四个方面:基本概念含糊不清,基本判断任意随性,基本推理缺乏规范,基本结论创新不足。为解决这些共性问题,实现基本概念准确清晰,基本判断严谨科学,基本推理符合逻辑,基本结论有所创新,这可以说是一篇高质量论文应该坚持的“四项基本原则”。

1. 基本概念一定要准确清晰。基本概念是一篇合格论文的基石。基本概念含糊不清,就是在沙滩上建大楼,不论外观如何气势宏伟,常常是一触即溃。在一些博士学位论文中,基本概念含糊不清的现象比较突出。有这样一篇论文,其章节标题居然是:“马克思社会发展理论与发展理论的本质区别”,令人摸不着头脑。很明显,发展理论是一个属概念,马克思社会发展理论是一个种概念。比较这样两个概念,犹如是在探讨男人与人的本质区别！还有的论文把一些西方哲学体系中的概念照搬运用到对中国传统文化的剖析中,表面上看论述得洋洋洒洒,但因为没有对基本概念的深入把握,没有对这一概念产生的时代背景的深入理解,其结果或者是张冠李戴,或者是指鹿为马,最终是贻笑大方。众所周知,科学的概念不是一个简单的词组,而是人类认识发展史上的一个重要环节,是人类在认识客观世界和主观世界的过程中,由感性认识上升到理性认识,从而抽象概括出事物的本质,是人类千百年构筑起来的科学知识体系的坚实基础。一个科学概念常常反映着一类科学知识的发展历程。从这个意义上,写好一篇论文,只有全面准确把握核心概念,才能在此基础上构建起一篇文章的框架。

2. 基本判断一定要严谨科学。在一些博士生的论文中，还存在着基本判断任性随意的突出问题，具体表现为以偏概全、顾此失彼、厚今薄古，等等。其中最为突出也最为危险的是为厚今而薄古，即为强调当代一些政策举措的科学性、必要性、紧迫性，而随意评论改革开放前三十年的政策举措，从而作出不科学不严谨的基本判断。在一篇博士学位论文中，作者对改革开放前中国教育作出这样的判断："在社会主义建设艰难探索时期，我们赋予教育事业过多的政治色彩，这严重违背了教育发展的客观规律，使得教育发展徘徊不前。"这种基本判断，从善意的角度理解，是作者为强调教育要遵循客观规律，减少过多的政治色彩，论证当代教育发展的科学合理性。但是从严格意义上讲，这个基本判断既不符合客观事实，也不符合中央精神。党的十一届六中全会审议通过的《关于建国以来党的若干历史问题的决议》明确指出：建国三十二年来，我国教育、科学、文化、卫生、体育事业有很大发展。1980 年，全国各类全日制学校在校学生比 1952 年增长 2.7 倍。三十二年来，高等学校和中等专业学校培养出近 900 万专门人才。这样辉煌的发展成就，与旧中国相比可谓是翻天覆地的变化，怎么能说我国的教育发展是徘徊不前呢！值得警惕的是，这样的例子绝不是个案，而是经常出现的一种现象。严格讲，出现这样的重大判断失误，毕业论文是难以过关的！这就要求博士生们对中国近现代史上重大事件作出基本判断时，既要科学严谨，又要符合中央文件精神，防止历史虚无主义或犯政治性错误。对于西方文化，既不能盲目崇拜，也不能盲目排斥；既要大胆借鉴，又要立足国情、批判接受。对于中国传统文化，既要有充分自信，又要看到其历史局限性和内在矛盾，不能盲目推崇和随意批判。这应该是我们作出基本判断时必须把握的准则。

3. 基本推理一定要符合逻辑。由于历史发展和文化传统等原因，缺乏科学的逻辑思维是我国学界的一个普遍现象。高等教育学科的一位博士生导师甚至要求自己的所有博士生都要买一本《形式逻辑》，作为案头书，不时参阅。究其原因，应该是对当前博士学位论文中基本推理不符合逻辑等问题的深切感受。回顾这些年评阅过的博士学位论文，我常常会发现一些明显不符合基本逻辑规范的推理：在运用演绎推理时过分强调普遍真理的适用性，而忽视了具体国家的实际国情，导致教条主义的错误；在运用归纳推理时缺乏科学精神，在根本不可能完全穷尽所有考察对象的条件下，得出"任何事物都是如此""任何事情都不可能这样"等不科学的结论；在运用类比推理时，不顾及类推对象是否具有内在的相同属性，呈现出不可思议的思维跳跃,重蹈中国传统文化中幼稚的取象思维错误。

4. 基本结论一定要有所创新。在科学或专门技术上做出创造性的成果,是我国博士生教育的核心目标,贯穿我国博士生的招生审查、课程设置与教学、科研实践训练、博士生学位论文写作和答辩等全部环节之中。但客观上讲,在我审阅的近百篇博士生毕业论文中,基本结论真正有所创新的很少。有些论文为求创新而创新,论文标题气势宏大,章节排列整齐划一,语言表达标新立异,试图推导出语不惊人死不休的结论。但其实际效果却常常是因宏大而空洞,为整齐而拼凑,因生造新词、表达晦涩而不知所云,得出的结论惊人但经不起推敲甚至漏洞百出。实际上,真正的理论创新并不在于提出多么响亮的口号,凝练出多么新奇的语言,得出多么惊人的结论,而是在于有真知灼见,能给人以启迪,能经得起实践的检验,能够真正解决实际问题,能够切实推进本学科的创新发展。英国菲利普斯教授归纳出博士学位论文"独创性贡献"的15种表现形式,如继续前人做出的独创性工作;开展导师设计的独创性工作;在即使并非独创性的研究工作中,提出一个独创性的方法、视角或结果;在证明他人的观点中表现出独创性;将某一新方法应用于新领域;为一个老问题提供新证据,等等[10]。这些思想观点值得我们学习借鉴。

总之,一个科学的学术观点是用一系列概念和命题来表达的,一篇理论文章是由概念、判断、推理构成的。一篇合格的学术文章首先要合乎逻辑,即要求概念明确、判断恰当、推理合乎逻辑。正如教育部社科中心田心铭教授指出:"逻辑严谨,应该体现在文章的基本结构、每一部分的具体论述、每一句话的表达上。一篇文章要做到逻辑严谨,首先是宏观结构要合理,其次是从宏观到微观,要经得起一层层地逐步分析、推敲。文章的题目和导语,应该表达出它的中心论题。文章的各个部分,应该是围绕着这个中心论题展开的。它们之间的区别是什么,联系又是什么,相互间是怎么关联的,都应该有清晰的逻辑思路。"[1]同理,一篇合格的博士生毕业论文,既应该符合形式逻辑的基本规范,也应该符合客观事实的辩证逻辑。

实际上,以上提出的这种共性问题,并不仅仅存在于这两个学科的博士生培养之中,还普遍存在于全国范围内的学术型硕士研究生学位论文当中。2015年,教育部组织了全国范围内的学术型硕士研究生学位论文抽检工作,共抽检2014年度学术型硕士研究生学位论文16 275篇。其中,合格学位论文15 989篇,占总体抽检论文的比例为98.24%;不合格学位论文286篇,占总体抽检论文的比例为1.76%。这次抽检发现,排在首位的问题就是作者科研能力不足,具体表现为:第一,分析问题和解决问题的能力不足。(1) 文不对题。(2) 概念界定不清晰。(3) 论述不严谨、不充分,推理不严密。(4) 理论性或研究深度不足。(5) 研究重点不突出。第二,研究方法的科学性不足。(1) 研究方法单一或不恰当。(2) 数据不够真实有效。(3) 样本选取的科学性不足。第三,学科基础知识的系统性和扎实性不足,甚至出现一些常识性的错误。第四,论文结构不严谨,各个章节之间的逻辑关系不明确,论文结构安排不合理。[11]这些问题与两本“大家谈”中50位博士生导师提出的共性问题基本上是一致的。这说明,诸如基本概念含糊不清、基本判断任意随性、基本推理缺乏规范、基本结论创新不足等问题,是不同学科博士生和硕士生写作论文面临的共同问题。

针对这些共同的问题,两本“大家谈”中50位博士生导师总结教学经验提出的思想观点,以及我们归纳出来的写好论文应坚持的“四项基本原则”,不仅对这两个学科博士生培养有指导意义,对这两个学科硕士生的成长有指导意义,而且对哲学社会科学其他学科的研究生成长有重要参考价值,对刚刚步入研究领域的中青年学者成长也有重要参考价值。

## 参考文献

[1] 郝清杰.马克思主义理论学科博士生培养大家谈[M].北京:高等教育出版社,2017.

[2] 习近平对研究生教育工作作出重要指示强调:适应党和国家事业发展需要　培养造就大批德才兼备的高层次人才[N].人民日报,2020-07-30.

[3] 阎凤桥.博士生培养过程要注重养成问题意识[J].中国高教研究,2020(5).

[4] 周川.贵在研究高等教育的“真问题”[J].中国高教研究,2020(5).

[5] 别敦荣.如何培养高水平博士?——兼谈高等教育学博士教育[J].中国高教研究,2020(8).

[6] 王保星.博士研究生基础厚植与博士学位论文创新[J].中国高教研究,2020(7).

[7] 张红霞.博士生“三个意识”的养成与博士学位论文创新[J].中国高教研究,2020(5).

[8] 陈学飞,等.西方怎样培养博士——法、英、德、美的模式与经验[M].北京:

教育科学出版社,2002:121-122.

[9] 李敏,陈洪捷.不合格学术型硕士研究生学位论文的典型特征[J].学位与研究生教育,2017(6).